CLARO ENIGMA

Carlos Drummond de Andrade

CLARO ENIGMA

17ª EDIÇÃO

EDITORA RECORD
RIO DE JANEIRO • SÃO PAULO
2007

CIP-Brasil. Catalogação-na-fonte
Sindicato Nacional dos Editores de Livros, RJ

A566c
17ª ed.

Andrade, Carlos Drummond de, 1902-1987
    Claro enigma / Carlos Drummond de Andrade; prefácio, Italo Moriconi. – 17ª ed. – Rio de Janeiro: Record, 2007.

    Incui bibliografia e cronologia
    ISBN 978-85-01-06259-8

    1. Poesia brasileira. I. Título.

01-1293

CDD – 869.91
CDU – 869.0(81)-1

Carlos Drummond de Andrade © 1988 Graña Drummond
www.carlosdrummond.com.br

Ilustração de guarda: Autocaricatura

Concepção da capa: Pedro Augusto Graña Drummond
Projeto gráfico: Regina Ferraz

Todos os direitos reservados. Proibida a reprodução, armazenamento ou transmissão de partes deste livro, através de quaisquer meios, sem prévia autorização por escrito.

Direitos exclusivos desta edição adquiridos pela
EDITORA RECORD LTDA.
Rua Argentina 171 – Rio de Janeiro, RJ – 20921-380 – Tel.: 2585-2000

Impresso no Brasil

ISBN 978-85-01-06259-8

PEDIDOS PELO REEMBOLSO POSTAL
Caixa Postal 23.052
Rio de Janeiro, RJ – 20922-970

EDITORA AFILIADA

SUMÁRIO

Prefácio – *Italo Moriconi* 7

I. ENTRE LOBO E CÃO 21
Dissolução 23
Remissão 25
A ingaia ciência 26
Legado 27
Confissão 28
Perguntas em forma de cavalo-marinho 29
Os animais do presépio 30
Sonetilho do falso Fernando Pessoa 32
Um boi vê os homens 33
Memória 34
A tela contemplada 35
Ser 36
Contemplação no banco 37
Sonho de um sonho 41
Cantiga de enganar 45
Oficina irritada 49
Opaco 50
Aspiração 51

II. NOTÍCIAS AMOROSAS 53
Amar 55
Entre o ser e as coisas 56
Tarde de maio 57
Fraga e sombra 59
Canção para álbum de moça 60

Rapto 62
Campo de flores 63

III. O MENINO E OS HOMENS
A um varão, que acaba de nascer 67
O chamado 71
Quintana's bar 72
Aniversário 74

IV. SELO DE MINAS
Evocação mariana 79
Estampas de Vila Rica 80
Morte das casas de Ouro Preto 84
Canto negro 88
Os bens e o sangue 92

V. OS LÁBIOS CERRADOS
Convívio 103
Permanência 105
Perguntas 106
Carta 109
Encontro 111
A mesa 112

VI. A MÁQUINA DO MUNDO
A máquina do mundo 127
Relógio do Rosário 132

Cronologia 137
Bibliografia 149

Índice de títulos e primeiros versos 171

UM MARCO NA POESIA BRASILEIRA

Claro enigma tem sido, com toda razão, encarado como representativo do momento de chegada à madureza existencial e maturidade artística na vida e na carreira de Carlos Drummond de Andrade. A madureza é quando já não se pode mais pretender ser criança. É o momento de encarar, na curva dos cinqüent'anos, o aproximar-se do previsível futuro: as perdas, o fim. Nesse sentido, o *leitmotiv* do livro é dado já pelo título do poema que abre o volume: "Dissolução". É certo que Drummond ainda teve a sorte de poder voltar a ser criança, prêmio que lhe foi trazido pela senectude lúcida, produtiva, e que ele transcreveu poeticamente na série dos Boitempos, publicados a partir de 1968. Com *Boitempo*, buscava religar-se a certos aspectos de seu primeiro momento modernista nos anos 20 e 30. O primeiro momento modernista que tivera no olhar infantil um dos pilares da revolução poética.

Mas o poeta de 1951, o poeta de *Claro enigma*, está noutro jogo. Ao encarar de frente a maturidade, abre nova e conclusiva (mas não final) etapa de autoformação, que o leva a uma guinada brusca em relação à fase anterior, representada por *A rosa do povo*, de 1945, livro que o consagrara de vez entre os maiores. É como ele afirma, no mencionado "Dissolução": "Esta rosa é definitiva / ainda que pobre." E também na própria epígrafe do volume, extraída de Valéry: "Os acontecimentos me entediam". Se em *A rosa do povo* há uma postura afirmativa, confiante na porosidade comunicativa do verso, aqui o movimento parte da introspecção para produzir auto-reflexão.

[7]

Trata-se porém de um jogo da maturidade que ecoa necessidades não apenas pessoais, mas também geracionais. *Claro enigma* inaugura uma quadra de tal maneira canônica na poesia brasileira do século XX que talvez não seja muito ufanista pensar neste período de menos de dez anos como nosso particular "*siglo de oro*", o período que podemos mais adequadamente chamar de "clássico" na língua literária brasileira, consolidada a partir do modernismo. Confira-se a seqüência de acontecimentos. Em 1951, sai a público *Claro enigma*. No ano seguinte, Jorge de Lima publica *Invenção de Orfeu*. No mesmo ano de 1952, a Academia Brasileira de Letras, por proposta de Cassiano Ricardo e Manuel Bandeira (que já era imortal desde 1940), comemora os 30 anos da Semana de Arte Moderna. Em 1953, vem a público o *Romanceiro da Inconfidência*, de Cecília Meireles, e em 1954, *Contemplação de Ouro Preto*, de Murilo Mendes. O ciclo de ouro encerra-se com outro livro de Drummond, publicado em 54, *Fazendeiro do ar*.

* * *

O momento canônico é aquele em que o poeta brasileiro surgido no século XX precisa acertar-se com a tradição, tanto no sentido de tradição nacional quanto no de tradição poética. A responsabilidade da poesia perante a tarefa de cultuar um passado nacional capaz de conferir auto-estima coletiva é praticada na primeira metade dos anos 50 pela recorrência ao tema de Ouro Preto, cidade simbólica, tratada como *locus* sagrado, relíquia viva da vontade de independência, fonte e foco de nacionalidade (hoje talvez seja a Bahia que desempenhe esse papel). A intervenção de *Claro enigma* em relação a tal projeto ideológico-cultural aparece na seção IV do livro, intitulada "Selo de Minas". São cinco poemas belíssimos, imprescindíveis, em que a ligação do poeta com o passado nacional se dá sem um pingo de heroicização, sem uma gota sequer de sentimentalismo nostálgico ou monumentalizante. Ao contrário, o tema do passado nacional será antes desviado, desconstruído, ao ser modulado em termos universalizantes, por um lado, e individualizantes, por outro. A emoção que o poeta quer exprimir é mais que nacional, é humana, é comum a todos que olham para seu próprio passado. Por seu turno, o passado nacional só existe à medida que se corporifica em história pessoal. Ao tema do passado nacional, Drummond sobrepõe o sentimento da passagem do tempo como destruição inexorável da memória dos homens e das próprias coisas. Assim, o *leitmotiv* de "Dissolução" reaparece em "Morte das casas de Ouro Preto: "Sobre o tempo, sobre a taipa, / a chuva escorre. As paredes / (...) já não vêem. Também morrem." Quando pensamos que tentar impedir a dissolução das casas de taipa ouro-pretanas era a tarefa fundamental do Serviço do Patrimônio Histórico, repartição onde Drummond trabalhava quando escreveu *Claro enigma*, nos damos conta do quanto ele quis neste livro revirar suas próprias entranhas.

Aqui, o gesto estético tipicamente drummondiano, ainda e sempre, como já era decisivo em *A rosa do povo*, move-se no espaço do paradoxo, definindo um movimento de mão dupla. No caso de *Claro enigma*, Drummond aceita a proposta canônica do momento – vamos cantar Ouro Preto. Mas não consegue, no instante autocrítico da maturidade, fazê-lo em tom celebratório ou utópico. "Toda história é remorso", afirma ele no poema

"Museu da Inconfidência". Diante de tal constatação, só pode mesmo ser ambíguo o lugar de fala do poeta. Enquanto tema refratado pela história pessoal, o passado se dá como memória, memória afetiva e história familiar, articuladas no poema "Os bens e o sangue". Aí o lugar do poeta é assinalado com precisão: é o lugar do destituído, numa linhagem de proprietários. Mas em *Claro enigma*, o poeta se reconcilia com esse passado, reconhecendo-o vivo em si, mesmo não tendo herdado nenhuma fazenda. A emergência da memória familiar, enquanto solo de situações de mão dupla, sobrepondo-se ao "povo" ou ao "sentimento do mundo" como referência do poema, é na verdade um fio condutor importante, espécie de fio terra que energiza toda a arquitetura do sentido em *Claro enigma*. Ela aparece de maneira ainda mais dramaticamente ostensiva na seção V, "Os Lábios Cerrados". Nesta parte do livro, o poeta analisa sob diferentes prismas o convívio com os espectros de seus pais já mortos, para conseguir juntar as forças anímicas e criadoras que finalmente lhe permitem dirigir-se diretamente ao fantasma do pai, na obra-prima absoluta que é o poema "A mesa".

* * *

É de mão dupla também o acertar-se com a tradição propriamente poética, literária. Não há dúvida que o maior exemplo desse movimento se dá no poema "A máquina do mundo", considerado por muitos o mais importante poema brasileiro do século XX. Retomando o decassílabo da tradição, Drummond desenvolve, num poema razoavelmente longo para os padrões modernos, cena complexa e alegórica, puramente imaginária, em que a imagem camoniana da "máquina do mundo" (cf. Canto X de *Os lusíadas*) reaparece de maneira paródica para justificar o desinteresse do poeta em conhecer os segredos que poderiam explicar os fundamentos da vida e o funcionamento universal. Se a forma geral de "A máquina do mundo" é basicamente tradicional, o que o poeta pretende afirmar aí é uma atitude cética muito moderna, mas que o leitor não pode classificar de orgulhosa, porque a recusa de um sentido metafísico não se baseia numa atitude soberba e sim na sensação de que com a madureza passou o tempo de alimentar quaisquer ilusões. O "dom tardio já não é apetecível, antes despiciendo", é o que afirma o poeta no final de seu *opus magnum*.

No que diz respeito à forma tradicional do verso, "A máquina do mundo" adequa-se ao conjunto maior dos poemas que compõem *Claro enigma*. Pois neste livro, com algumas, mas poucas (embora significativas) exceções, Drummond basicamente abandona o verso livre modernista (ao qual voltará depois), em favor de uma utilização livre do verso tradicional. O princípio da regularidade métrica é observado, com ênfase na inédita exploração sistemática da redondilha e do decassílabo e também no aventurar-se pelas sendas do soneto metrificado e rimado.

A série de quatro sonetos que se seguem ao poema "Dissolução", abrindo a primeira seção do livro ("Remissão", "A ingaia ciência", "Legado" e "Confissão"), é particularmente interessante porque nela verificamos que esse voltar-se do poema para a tradição formal da versificação portuguesa corresponde ao voltar-se auto-reflexivo do poeta sobre sua própria obra anterior. Em "Legado", por exemplo, o poeta se indaga se alguma coisa de sua obra vai sobreviver e responde ele mesmo, severíssimo: "Não deixarei de mim nenhum canto radioso, / uma voz matinal palpitando na bruma / e que arranque de alguém seu mais secreto espinho. // De tudo quanto foi meu passo caprichoso / na vida, restará, pois o resto se esfuma, / uma pedra que havia em meio do caminho."

Drummond refere-se a "No meio do caminho", o poema famoso que estabelecera sua fama de iconoclasta nos anos 20 ("tinha uma pedra no meio do caminho / no meio do caminho tinha uma pedra..."). Pode-se dizer que o tema da *pedra*, que lhe dera o mote parodístico naquela ocasião juvenil, reaparece em "A máquina do mundo" quando o poeta fala numa "estrada de Minas, *pedregosa*". Não é apenas o olhar infantil que a madureza bloqueia, mas também o olhar juvenil, leve e descompromissado. O ponto de vista agora já não é mais o da gozação em cima da primeira linha da *Divina comédia*, com a transformação em piada da idéia de Dante do "meio de caminho" enquanto imagem para significar maturidade autocrítica. Em *Claro enigma*, o trabalho poético com a idéia de estar no meio da vida é levado a sério. Nesse sentido, o livro se propõe não apenas como autocrítica em relação a aspectos de *A rosa do povo*, mas, de maneira mais ambiciosa, como ato de abandono de aspectos importantes da atitude modernista.

Como já pretendiam Murilo Mendes e Augusto Frederico Schmidt na década de 1930 e, muito antes deles, o próprio Baudelaire na França do século XIX, o moderno agora teria que vir temperado pelo eterno, e o eterno, como depois Drummond afirmará no poema de mesmo título do livro *Fazendeiro no ar*, é, simplesmente, a geração de um ritmo, ou seja, a forma pura, o pensamento e o sentimento da forma, que o verso e a vida concretizam. É graças a essa opção radical pelo estético que *Claro enigma* se impõe como marco insuperável na poesia brasileira de todos os tempos.

* * *

Creio que vale a pena encerrar esta apresentação de *Claro enigma* mencionando rapidamente outro ponto alto do livro, a segunda seção, "Notícias amorosas". Trata-se de um conjunto de sete poemas que desenvolvem diferentes aspectos da experiência amorosa, assim como exploram com mestria uma diversidade de possibilidades formais, indo do decassílabo ("Entre o ser e as coisas", "Fraga e sombra", "Rapto"), à redondilha em "Canção para álbum de moça" e a um tipo de verso alargado, que ora tem mais a ver com o verso livre mesmo, como em "Amar" e em "Tarde de maio", ora tem a ver com uma espécie de alexandrino flexível ou extenso (verso de 12 a 14 sílabas), como se pode observar no também muito belo e popular "Campo de flores" ("Deus me deu um amor no tempo de madureza...").

Para além da qualidade intrínseca de cada poema constante desta segunda seção, deve-se enfatizar seu caráter articulado, seu caráter prismático, estratégia compositiva que marca tanto o volume como um todo, como cada uma das seções, repetindo, noutro universo de significação, algo que o poeta já utilizara em *A rosa do povo*. Drummond aprendeu a usar essa tática prismática com a poesia de Murilo Mendes. Através dela, ele busca tematizar aspectos contraditórios e até mesmo conflitantes de uma experiência. Em "Notícias amorosas", trata-se principalmente do conflito entre sensação de vazio e esperança renovada que o amor pode trazer. De quebra, Drummond produz duas das mais fortes reflexões poéticas em português sobre amores não-convencionais: o amor homossexual masculino, em "Rapto", e o amor depois dos cinqüent'anos, em "Campo de flores". Por causa disso, pode-se dizer que *Claro enigma*, além de eterno e insuperável, é também, e provavelmente por isso mesmo, extremamente atual.

Italo Moriconi
Rio, julho 2001

CLARO ENIGMA

A Américo Facó

Les événements m'ennuient.

P. VALÉRY

I. ENTRE LOBO E CÃO

DISSOLUÇÃO

Escurece, e não me seduz
tatear sequer uma lâmpada.
Pois que aprouve ao dia findar,
aceito a noite.

E com ela aceito que brote
uma ordem outra de seres
e coisas não figuradas.
Braços cruzados.

Vazio de quanto amávamos,
mais vasto é o céu. Povoações
surgem do vácuo.
Habito alguma?

E nem destaco minha pele
da confluente escuridão.
Um fim unânime concentra-se
e pousa no ar. Hesitando.

E aquele agressivo espírito
que o dia carreia consigo,
já não oprime. Assim a paz,
destroçada.

Vai durar mil anos, ou
extinguir-se na cor do galo?

Esta rosa é definitiva,
ainda que pobre.

Imaginação, falsa demente,
já te desprezo. E tu, palavra.
No mundo, perene trânsito,
calamo-nos.
E sem alma, corpo, és suave.

REMISSÃO

Tua memória, pasto de poesia,
tua poesia, pasto dos vulgares,
vão se engastando numa coisa fria
a que tu chamas: vida, e seus pesares.

Mas, pesares de quê? perguntaria,
se esse travo de angústia nos cantares,
se o que dorme na base da elegia
vai correndo e secando pelos ares,

e nada resta, mesmo, do que escreves
e te forçou ao exílio das palavras,
senão contentamento de escrever,

enquanto o tempo, e suas formas breves
ou longas, que sutil interpretavas,
se evapora no fundo de teu ser?

A INGAIA CIÊNCIA

A madureza, essa terrível prenda
que alguém nos dá, raptando-nos, com ela,
todo sabor gratuito de oferenda
sob a glacialidade de uma estela,

a madureza vê, posto que a venda
interrompa a surpresa da janela,
o círculo vazio, onde se estenda,
e que o mundo converte numa cela.

A madureza sabe o preço exato
dos amores, dos ócios, dos quebrantos,
e nada pode contra sua ciência

e nem contra si mesma. O agudo olfato,
o agudo olhar, a mão, livre de encantos,
se destroem no sonho da existência.

LEGADO

Que lembrança darei ao país que me deu
tudo que lembro e sei, tudo quanto senti?
Na noite do sem-fim, breve o tempo esqueceu
minha incerta medalha, e a meu nome se ri.

E mereço esperar mais do que os outros, eu?
Tu não me enganas, mundo, e não te engano a ti.
Esses monstros atuais, não os cativa Orfeu,
a vagar, taciturno, entre o talvez e o se.

Não deixarei de mim nenhum canto radioso,
uma voz matinal palpitando na bruma
e que arranque de alguém seu mais secreto espinho.

De tudo quanto foi meu passo caprichoso
na vida, restará, pois o resto se esfuma,
uma pedra que havia em meio do caminho.

CONFISSÃO

Não amei bastante meu semelhante,
não catei o verme nem curei a sarna.
Só proferi algumas palavras,
melodiosas, tarde, ao voltar da festa.

Dei sem dar e beijei sem beijo.
(Cego é talvez quem esconde os olhos
embaixo do catre.) E na meia-luz
tesouros fanam-se, os mais excelentes.

Do que restou, como compor um homem
e tudo que ele implica de suave,
de concordâncias vegetais, murmúrios
de riso, entrega, amor e piedade?

Não amei bastante sequer a mim mesmo,
contudo próximo. Não amei ninguém.
Salvo aquele pássaro — vinha azul e doido —
que se esfacelou na asa do avião.

PERGUNTAS EM FORMA
DE CAVALO-MARINHO

Que metro serve
para medir-nos?
Que forma é nossa
e que conteúdo?

Contemos algo?
Somos contidos?
Dão-nos um nome?
Estamos vivos?

A que aspiramos?
Que possuímos?
Que relembramos?
Onde jazemos?

(Nunca se finda
nem se criara.
Mistério é o tempo
inigualável.)

OS ANIMAIS DO PRESÉPIO

Salve, reino animal:
todo o peso celeste
suportas no teu ermo.

Toda a carga terrestre
carregas como se
fosse feita de vento.

Teus cascos lacerados
na lixa do caminho
e tuas cartilagens

e teu rude focinho
e tua cauda zonza,
teu pêlo matizado,

tua escama furtiva,
as cores com que iludes
teu negrume geral,

teu vôo limitado,
teu rastro melancólico,
tua pobre verônica

em mim, que nem pastor
soube ser, ou serei,
se incorporam, num sopro.

Para tocar o extremo
de minha natureza,
limito-me: sou burro.

Para trazer ao feno
o senso da escultura,
concentro-me: sou boi.

A vária condição
por onde se atropela
essa ânsia de explicar-me

agora se apascenta
à sombra do galpão
neste sinal: sou anjo.

SONETILHO DO FALSO
FERNANDO PESSOA

Onde nasci, morri.
Onde morri, existo.
E das peles que visto
muitas há que não vi.

Sem mim como sem ti
posso durar. Desisto
de tudo quanto é misto
e que odiei ou senti.

Nem Fausto nem Mefisto,
à deusa que se ri
deste nosso oaristo,

eis-me a dizer: assisto
além, nenhum, aqui,
mas não sou eu, nem isto.

UM BOI VÊ OS HOMENS

Tão delicados (mais que um arbusto) e correm
e correm de um para outro lado, sempre esquecidos
de alguma coisa. Certamente, falta-lhes
não sei que atributo essencial, posto se apresentem nobres
e graves, por vezes. Ah, espantosamente graves,
até sinistros. Coitados, dir-se-ia não escutam
nem o canto do ar nem os segredos do feno,
como também parecem não enxergar o que é visível
e comum a cada um de nós, no espaço. E ficam tristes
e no rastro da tristeza chegam à crueldade.
Toda a expressão deles mora nos olhos — e perde-se
a um simples baixar de cílios, a uma sombra.
Nada nos pêlos, nos extremos de inconcebível fragilidade,
e como neles há pouca montanha,
e que secura e que reentrâncias e que
impossibilidade de se organizarem em formas calmas,
permanentes e necessárias. Têm, talvez,
certa graça melancólica (um minuto) e com isto se fazem
perdoar a agitação incômoda e o translúcido
vazio interior que os torna tão pobres e carecidos
de emitir sons absurdos e agônicos: desejo, amor, ciúme
(que sabemos nós?), sons que se despedaçam e tombam no campo
como pedras aflitas e queimam a erva e a água,
e difícil, depois disso, é ruminarmos nossa verdade.

MEMÓRIA

Amar o perdido
deixa confundido
este coração.

Nada pode o olvido
contra o sem sentido
apelo do Não.

As coisas tangíveis
tornam-se insensíveis
à palma da mão.

Mas as coisas findas,
muito mais que lindas,
essas ficarão.

A TELA CONTEMPLADA

Pintor da soledade nos vestíbulos
de mármore e losango, onde as colunas
se deploram silentes, sem que as pombas
venham trazer um pouco do seu ruflo;

traça das finas torres consumidas
no vazio mais branco e na insolvência
de arquiteturas não arquitetadas,
porque a plástica é vã, se não comove,

ó criador de mitos que sufocam,
desperdiçando a terra, e já recuam
para a noite, e no charco se constelam,

por teus condutos flui um sangue vago,
e nas tuas pupilas, sob o tédio,
é a vida um suspiro sem paixão.

SER

O filho que não fiz
hoje seria homem.
Ele corre na brisa,
sem carne, sem nome.

Às vezes o encontro
num encontro de nuvem.
Apóia em meu ombro
seu ombro nenhum.

Interrogo meu filho,
objeto de ar:
em que gruta ou concha
quedas abstrato?

Lá onde eu jazia,
responde-me o hálito,
não me percebeste,
contudo chamava-te

como ainda te chamo
(além, além do amor)
onde nada, tudo
aspira a criar-se.

O filho que não fiz
faz-se por si mesmo.

CONTEMPLAÇÃO NO BANCO

I

O coração pulverizado range
sob o peso nervoso ou retardado ou tímido
que não deixa marca na alameda, mas deixa
essa estampa vaga no ar, e uma angústia em mim,
espiralante.

Tantos pisam este chão que ele talvez
um dia se humanize. E malaxado,
embebido da fluida substância de nossos segredos,
quem sabe a flor que aí se elabora, calcária, sangüínea?

Ah, não viver para contemplá-la! Contudo,
não é longo mentar uma flor, e permitido
correr por cima do estreito rio presente,
construir de bruma nosso arco-íris.

Nossos donos temporais ainda não devassaram
o claro estoque de manhãs
que cada um traz no sangue, no vento.

Passarei a vida entoando uma flor, pois não sei cantar
nem a guerra, nem o amor cruel, nem os ódios organizados,
e olho para os pés dos homens, e cismo.

Escultura de ar, minhas mãos
te modelam nua e abstrata
para o homem que não serei.

Ele talvez compreenda com todo o corpo,
para além da região minúscula do espírito,
a razão de ser, o ímpeto, a confusa
distribuição em mim, de seda e péssimo.

II

Nalgum lugar faz-se esse homem...
Contra a vontade dos pais ele nasce,
contra a astúcia da medicina ele cresce,
e ama, contra a amargura da política.

Não lhe convém o débil nome de filho,
pois só a nós mesmos podemos gerar,
e esse nega, sorrindo, a escura fonte.

Irmão lhe chamaria, mas irmão
por quê, se a vida nova
se nutre de outros sais, que não sabemos?

Ele é seu próprio irmão, no dia vasto,
na vasta integração das formas puras,
sublime arrolamento de contrários
enlaçados por fim.

Meu retrato futuro, como te amo,
e mineralmente te pressinto, e sinto
quanto estás longe de nosso vão desenho
e de nossas roucas onomatopéias...

III

Vejo-te nas ervas pisadas.
O jornal, que aí pousa, mente.
Descubro-te ausente nas esquinas
mais povoadas, e vejo-te incorpóreo,
contudo nítido, sobre o mar oceano.

Chamar-te visão seria
malconhecer as visões
de que é cheio o mundo
e vazio.

Quase posso tocar-te, como às coisas diluculares
que se moldam em nós, e a guarda não captura,
e vingam.

Dissolvendo a cortina de palavras,
tua forma abrange a terra e se desata
à maneira do frio, da chuva, do calor e das lágrimas.

Triste é não ter um verso maior que os literários,
é não compor um verso novo, desorbitado,
para envolver tua efígie lunar, ó quimera
que sobes do chão batido e da relva pobre.

SONHO DE UM SONHO

Sonhei que estava sonhando
e que no meu sonho havia
um outro sonho esculpido.
Os três sonhos superpostos
dir-se-iam apenas elos
de uma infindável cadeia
de mitos organizados
em derredor de um pobre eu.
Eu que, mal de mim!, sonhava.

Sonhava que no meu sonho
retinha uma zona lúcida
para concretar o fluido
como abstrair o maciço.
Sonhava que estava alerta,
e mais do que alerta, lúdico,
e receptivo, e magnético,
e em torno a mim se dispunham
possibilidades claras,
e, plástico, o ouro do tempo
vinha cingir-me e dourar-me
para todo o sempre, para
um sempre que ambicionava
mas de todo o ser temia...
Ai de mim! que mal sonhava.

Sonhei que os entes cativos
dessa livre disciplina
plenamente floresciam
permutando no universo
uma dileta substância
e um desejo apaziguado
de ser um com ser milhares,
pois o centro era eu de tudo,
como era cada um dos raios
desfechados para longe,
alcançando além da terra
ignota região lunar,
na perturbadora rota
que antigos não palmilharam
mas ficou traçada em branco
nos mais velhos portulanos
e no pó dos marinheiros
afogados em mar alto.

Sonhei que meu sonho vinha
como a realidade mesma.
Sonhei que o sonho se forma
não do que desejaríamos
ou de quanto silenciamos
em meio a ervas crescidas,
mas do que vigia e fulge
em cada ardente palavra
proferida sem malícia,

aberta como uma flor
se entreabre: radiosamente.

Sonhei que o sonho existia
não dentro, fora de nós,
e era tocá-lo e colhê-lo,
e sem demora sorvê-lo,
gastá-lo sem vão receio
de que um dia se gastara.
Sonhei certo espelho límpido
com a propriedade mágica
de refletir o melhor,
sem azedume ou frieza
por tudo que fosse obscuro,
mas antes o iluminando,
mansamente o convertendo
em fonte mesma de luz.
Obscuridade! Cansaço!
Oclusão de formas meigas!
Ó terra sobre diamantes!
Já vos libertais, sementes,
germinando à superfície
deste solo resgatado!

Sonhava, ai de mim, sonhando
que não sonhara... Mas via
na treva em frente a meu sonho,
nas paredes degradadas,

na fumaça, na impostura,
no riso mau, na inclemência,
na fúria contra os tranquilos,
na estreita clausura física,
no desamor à verdade,
na ausência de todo amor,
eu via, ai de mim, sentia
que o sonho era sonho, e falso.

CANTIGA DE ENGANAR

O mundo não vale o mundo,
                    meu bem.
Eu plantei um pé-de-sono,
brotaram vinte roseiras.
Se me cortei nelas todas
e se todas se tingiram
de um vago sangue jorrado
ao capricho dos espinhos,
não foi culpa de ninguém.
O mundo,
      meu bem,
             não vale
a pena, e a face serena
vale a face torturada.
Há muito aprendi a rir,
de quê? de mim? ou de nada?
O mundo, valer não vale.
Tal como sombra no vale,
a vida baixa... e se sobe
algum som deste declive,
não é grito de pastor
convocando seu rebanho.
Não é flauta, não é canto
de amoroso desencanto.
Não é suspiro de grilo,
voz noturna de nascentes

não é mãe chamando filho,
não é silvo de serpentes
esquecidas de morder
como abstratas ao luar.
Não é choro de criança
para um homem se formar.
Tampouco a respiração
de soldados e de enfermos,
de meninos internados
ou de freiras em clausura.
Não são grupos submergidos
nas geleiras do entressonho
e que deixem desprender-se,
menos que simples palavra,
menos que folha no outono,
a partícula sonora
que a vida contém, e a morte
contém, o mero registro
da energia concentrada.
Não é nem isto nem nada.
É som que precede a música,
sobrante dos desencontros
e dos encontros fortuitos,
dos malencontros e das
miragens que se condensam
ou que se dissolvem noutras
absurdas figurações.
O mundo não tem sentido.
O mundo e suas canções

de timbre mais comovido
estão calados, e a fala
que de uma para outra sala
ouvimos em certo instante
é silêncio que faz eco
e que volta a ser silêncio
no negrume circundante.
Silêncio: que quer dizer?
Que diz a boca do mundo?
Meu bem, o mundo é fechado,
se não for antes vazio.
O mundo é talvez: e é só.
Talvez nem seja talvez.
O mundo não vale a pena,
mas a pena não existe.
Meu bem, façamos de conta
de sofrer e de olvidar,
de lembrar e de fruir,
de escolher nossas lembranças
e revertê-las, acaso
se lembrem demais em nós.
Façamos, meu bem, de conta
— mas a conta não existe —
que é tudo como se fosse,
ou que, se fora, não era.
Meu bem, usemos palavras.
Façamos mundo: idéias.
Deixemos o mundo aos outros,
já que o querem gastar.

Meu bem, sejamos fortíssimos
— mas a força não existe —
e na mais pura mentira
do mundo que se desmente,
recortemos nossa imagem,
mais ilusória que tudo,
pois haverá maior falso
que imaginar-se alguém vivo,
como se um sonho pudesse
dar-nos o gosto do sonho?
Mas o sonho não existe.
Meu bem, assim acordados,
assim lúcidos, severos,
ou assim abandonados,
deixando-nos à deriva
levar na palma do tempo
— mas o tempo não existe —,
sejamos como se fôramos
num mundo que fosse: o Mundo.

OFICINA IRRITADA

Eu quero compor um soneto duro
como poeta algum ousara escrever.
Eu quero pintar um soneto escuro,
seco, abafado, difícil de ler.

Quero que meu soneto, no futuro,
não desperte em ninguém nenhum prazer.
E que, no seu maligno ar imaturo,
ao mesmo tempo saiba ser, não ser.

Esse meu verbo antipático e impuro
há de pungir, há de fazer sofrer,
tendão de Vênus sob o pedicuro.

Ninguém o lembrará: tiro no muro,
cão mijando no caos, enquanto Arcturo,
claro enigma, se deixa surpreender.

OPACO

Noite. Certo
muitos são os astros.
Mas o edifício
barra-me a vista.

Quis interpretá-lo.
Valeu? Hoje
barra-me (há luar) a vista.

Nada escrito no céu,
sei.
Mas queria vê-lo.
O edifício barra-me
a vista.

Zumbido
de besouro. Motor
arfando. O edifício barra-me
a vista.

Assim ao luar é mais humilde.
Por ele é que sei do luar.
Não, não me barra
a vista. A vista se barra
a si mesma.

ASPIRAÇÃO

Já não queria a maternal adoração
que afinal nos exaure, e resplandece em pânico,
tampouco o sentimento de um achado precioso
como o de Catarina Kippenberg aos pés de Rilke.

E não queria o amor, sob disfarces tontos
da mesma ninfa desolada no seu ermo
e a constante procura de sede e não de linfa,
e não queria também a simples rosa do sexo,

abscôndita, sem nexo, nas hospedarias do vento,
como ainda não quero a amizade geométrica
de almas que se elegeram numa seara orgulhosa,
imbricamento, talvez? de carências melancólicas.

Aspiro antes à fiel indiferença
mas pausada bastante para sustentar a vida
e, na sua indiscriminação de crueldade e diamante,
capaz de sugerir o fim sem a injustiça dos prêmios.

II. NOTÍCIAS AMOROSAS

AMAR

Que pode uma criatura senão,
entre criaturas, amar?
amar e esquecer,
amar e malamar,
amar, desamar, amar?
sempre, e até de olhos vidrados, amar?

Que pode, pergunto, o ser amoroso,
sozinho, em rotação universal, senão
rodar também, e amar?
amar o que o mar traz à praia,
o que ele sepulta, e o que, na brisa marinha,
é sal, ou precisão de amor, ou simples ânsia?

Amar solenemente as palmas do deserto,
o que é entrega ou adoração expectante,
e amar o inóspito, o áspero,
um vaso sem flor, um chão de ferro,
e o peito inerte, e a rua vista em sonho, e uma ave de rapina.

Este o nosso destino: amor sem conta,
distribuído pelas coisas pérfidas ou nulas,
doação ilimitada a uma completa ingratidão,
e na concha vazia do amor a procura medrosa,
paciente, de mais e mais amor.

Amar a nossa falta mesma de amor, e na secura nossa
amar a água implícita, e o beijo tácito, e a sede infinita.

ENTRE O SER E AS COISAS

Onda e amor, onde amor, ando indagando
ao largo vento e à rocha imperativa,
e a tudo me arremesso, nesse quando
amanhece frescor de coisa viva.

Às almas, não, as almas vão pairando,
e, esquecendo a lição que já se esquiva,
tornam amor humor, e vago e brando
o que é de natureza corrosiva.

N'água e na pedra amor deixa gravados
seus hieróglifos e mensagens, suas
verdades mais secretas e mais nuas.

E nem os elementos encantados
sabem do amor que os punge e que é, pungindo,
uma fogueira a arder no dia findo.

TARDE DE MAIO

Como esses primitivos que carregam por toda parte o maxilar
[inferior de seus mortos,
assim te levo comigo, tarde de maio,
quando, ao rubor dos incêndios que consumiam a terra,
outra chama, não-perceptível, e tão mais devastadora,
surdamente lavrava sob meus traços cômicos,
e uma a uma, *disjecta membra*, deixava ainda palpitantes
e condenadas, no solo ardente, porções de minh'alma
nunca antes nem nunca mais aferidas em sua nobreza
sem fruto.

Mas os primitivos imploram à relíquia saúde e chuva,
colheita, fim do inimigo, não sei que portentos.
Eu nada te peço a ti, tarde de maio,
senão que continues, no tempo e fora dele, irreversível,
sinal de derrota que se vai consumindo a ponto de
converter-se em sinal de beleza no rosto de alguém
que, precisamente, volve o rosto, e passa...
Outono é a estação em que ocorrem tais crises,
e em maio, tantas vezes, morremos.

Para renascer, eu sei, numa fictícia primavera,
já então espectrais sob o aveludado da casca,
trazendo na sombra a aderência das resinas fúnebres
com que nos ungiram, e nas vestes a poeira do carro
fúnebre, tarde de maio, em que desaparecemos,

sem que ninguém, o amor inclusive, pusesse reparo.
E os que o vissem não saberiam dizer: se era um préstito
lutuoso, arrastado, poeirento, ou um desfile carnavalesco.
Nem houve testemunha.

Não há nunca testemunhas. Há desatentos. Curiosos, muitos.
Quem reconhece o drama, quando se precipita, sem máscara?
Se morro de amor, todos o ignoram
e negam. O próprio amor se desconhece e maltrata.
O próprio amor se esconde, ao jeito dos bichos caçados;
não está certo de ser amor, há tanto lavou a memória
das impurezas de barro e folha em que repousava. E resta,
perdida no ar, por que melhor se conserve,
uma particular tristeza, a imprimir seu selo nas nuvens.

FRAGA E SOMBRA

A sombra azul da tarde nos confrange
Baixa, severa, a luz crepuscular.
Um sino toca, e não saber quem tange
é como se este som nascesse do ar.

Música breve, noite longa. O alfanje
que sono e sonho ceifa devagar
mal se desenha, fino, ante a falange
das nuvens esquecidas de passar.

Os dois apenas, entre céu e terra,
sentimos o espetáculo do mundo,
feito de mar ausente e abstrata serra.

E calcamos em nós, sob o profundo
instinto de existir, outra mais pura
vontade de anular a criatura.

CANÇÃO PARA ÁLBUM DE MOÇA

Bom dia: eu dizia à moça
que de longe me sorria.
Bom dia: mas da distância
ela nem me respondia.
Em vão a fala dos olhos
e dos braços repetia
bom-dia à moça que estava,
de noite como de dia,
bem longe de meu poder
e de meu pobre bom-dia.
Bom-dia sempre: se acaso
a resposta vier fria
ou tarde vier, contudo
esperarei o bom-dia.
E sobre casas compactas,
sobre o vale e a serrania,
irei repetindo manso
a qualquer hora: bom dia.
O tempo é talvez ingrato
e funda a melancolia
para que se justifique
o meu absurdo bom-dia.
Nem a moça põe reparo,
não sente, não desconfia
o que há de carinho preso
no cerne deste bom-dia.

Bom dia: repito à tarde,
à meia-noite: bom dia.
E de madrugada vou
pintando a cor de meu dia,
que a moça possa encontrá-lo
azul e rosa: bom dia.
Bom dia: apenas um eco
na mata (mas quem diria)
decifra minha mensagem,
deseja bom o meu dia.
A moça, sorrindo ao longe,
não sente, nessa alegria,
o que há de rude também
no clarão deste bom-dia.
De triste, túrbido, inquieto,
noite que se denuncia
e vai errante, sem fogos,
na mais louca nostalgia.
Ah, se um dia respondesses
ao meu bom-dia: bom dia!
Como a noite se mudara
no mais cristalino dia!

RAPTO

Se uma águia fende os ares e arrebata
esse que é forma pura e que é suspiro
de terrenas delícias combinadas;
e se essa forma pura, degradando-se,
mais perfeita se eleva, pois atinge
a tortura do embate, no arremate
de uma exaustão suavíssima, tributo
com que se paga o vôo mais cortante;
se, por amor de uma ave, ei-la recusa
o pasto natural aberto aos homens,
e pela via hermética e defesa
vai demandando o cândido alimento
que a alma faminta implora até o extremo;
se esses raptos terríveis se repetem
já nos campos e já pelas noturnas
portas de pérola dúbia das boates;
e se há no beijo estéril um soluço
esquivo e refolhado, cinza em núpcias,
e tudo é triste sob o céu flamante
(que o pecado cristão, ora jungido
ao mistério pagão, mais o alanceia),
baixemos nossos olhos ao desígnio
da natureza ambígua e reticente:
ela tece, dobrando-lhe o amargor,
outra forma de amar no acerbo amor.

CAMPO DE FLORES

Deus me deu um amor no tempo de madureza,
quando os frutos ou não são colhidos ou sabem a verme.
Deus — ou foi talvez o Diabo — deu-me este amor maduro,
e a um e outro agradeço, pois que tenho um amor.

Pois que tenho um amor, volto aos mitos pretéritos
e outros acrescento aos que amor já criou.
Eis que eu mesmo me torno o mito mais radioso
e talhado em penumbra sou e não sou, mas sou.

Mas sou cada vez mais, eu que não me sabia
e cansado de mim julgava que era o mundo
um vácuo atormentado, um sistema de erros.
Amanhecem de novo as antigas manhãs
que não vivi jamais, pois jamais me sorriram.

Mas me sorriam sempre atrás de tua sombra
imensa e contraída como letra no muro
e só hoje presente.
Deus me deu um amor porque o mereci.
De tantos que já tive ou tiveram em mim,
o sumo se espremeu para fazer um vinho
ou foi sangue, talvez, que se armou em coágulo.

E o tempo que levou uma rosa indecisa
a tirar sua cor dessas chamas extintas

era o tempo mais justo. Era tempo de terra.
Onde não há jardim, as flores nascem de um
secreto investimento em formas improváveis.

Hoje tenho um amor e me faço espaçoso
para arrecadar as alfaias de muitos
amantes desgovernados, no mundo, ou triunfantes,
e ao vê-los amorosos e transidos em torno,
o sagrado terror converto em jubilação.

Seu grão de angústia amor já me oferece
na mão esquerda. Enquanto a outra acaricia
os cabelos e a voz e o passo e a arquitetura
e o mistério que além faz os seres preciosos
a visão extasiada.

Mas, porque me tocou um amor crepuscular,
há que amar diferente. De uma grave paciência
ladrilhar minhas mãos. E talvez a ironia
tenha dilacerado a melhor doação.
Há que amar e calar.
Para fora do tempo arrasto meus despojos
e estou vivo na luz que baixa e me confunde.

III. O MENINO E OS HOMENS

A UM VARÃO, QUE
ACABA DE NASCER

Chegas, e um mundo vai-se
como animal ferido,
arqueja. Nem aponta
uma forma sensível,
pois já sabemos todos
que custa a modelar-se
uma raiz, um broto.
E contudo vens tarde.
Todos vêm tarde. A terra
anda morrendo sempre,
e a vida, se persiste,
passa descompassada,
e nosso andar é lento,
curto nosso respiro,
e logo repousamos
e renascemos logo.
(Renascemos? talvez.)
Crepita uma fogueira
que não aquece. Longe.
Todos vêm cedo, todos
chegam fora de tempo,
antes, depois. Durante,
quais os que aportam? Quem
respirou o momento,
vislumbrando a paisagem

de coração presente?
Quem amou e viveu?
Quem sofreu de verdade?
Como saber que foi
nossa aventura, e não
outra, que nos legaram?
No escuro prosseguimos.
Num vale de onde a luz
se exilou, e no entanto
basta cerrar os olhos
para que nele trema,
remoto e matinal,
o crepúsculo. Sombra!
Sombra e riso, que importa?
Estendem os mais sábios
a mão, e no ar ignoto
o roteiro decifram,
e é às vezes um eco,
outras, a caça esquiva,
que desafia, e salva-se.
E a corrente, atravessa-a,
mais que o veleiro impróprio,
certa cumplicidade
entre nosso corpo e água.
Os metais, as madeiras
já se deixam malear,
de pena, dóceis. Nada
é rude tão bastante
que nunca se apiede

e se furte a viver
em nossa companhia.
Este é de resto o mal
superior a todos:
a todos como a tudo
estamos presos. E
se tentas arrancar
o espinho de teu flanco,
a dor em ti rebate
a do espinho arrancado.
Nosso amor se mutila
a cada instante. A cada
instante agonizamos
ou agoniza alguém
sob o carinho nosso.
Ah, libertar-se, lá
onde as almas se espelhem
na mesma frigidez
de seu retrato, plenas!
É sonho, sonho. Ilhados,
pendentes, circunstantes,
na fome e na procura
de um eu imaginário
e que, sendo outro, aplaque
todo este ser em ser,
adoramos aquilo
que é nossa perda. E morte
e evasão e vigília
e negação do ser

com dissolver-se em outro
transmutam-se em moeda
e resgate do eterno.
Para amar sem motivo
e motivar o amor
na sua desrazão,
Pedro, vieste ao mundo.
Chamo-te meu irmão.

O CHAMADO

Na rua escura o velho poeta
(lume de minha mocidade)
já não criava, simples criatura
exposta aos ventos da cidade.

Ao vê-lo curvo e desgarrado
na caótica noite urbana,
o que senti, não alegria,
era, talvez, carência humana.

E pergunto ao poeta, pergunto-lhe
(numa esperança que não digo)
para onde vai — a que angra serena,
a que Pasárgada, a que abrigo?

A palavra oscila no espaço
um momento. Eis que, sibilino,
entre as aparências sem rumo,
responde o poeta: Ao meu destino.

E foi-se para onde a intuição,
o amor, o risco desejado
o chamavam, sem que ninguém
pressentisse, em torno, o Chamado.

QUINTANA'S BAR

Num bar fechado há muitos, muitos anos, e cujas portas de aço bruscamente se descerram, encontro, que eu nunca vira, o poeta Mário Quintana.
Tão simples reconhecê-lo, toda identificação é vã. O poeta levanta seu copo. Levanto o meu. Em algum lugar — coxilha? montanha? vai rorejando a manhã.
Na total desincorporação das coisas antigas, perdura um elemento mágico: estrela-do-mar — ou Aldebarã?, tamanquinhos, menina correndo com o arco. E corre com pés de lã.
Falando em voz baixa nos entendemos, eu de olhos cúmplices, ele com seu talismã. Assim me fascinavam outrora as feitiçarias da preta, na cozinha de picumã.
Na conspiração da madrugada, erra solitário — dissolve-se o bar — o poeta Quintana. Seu olhar devassa o nevoeiro, cada vez mais densa é a bruma de antanho.
Uma teia se tecendo, e sem trabalho de aranha. Falo de amigos que envelheceram ou que sumiram na semente de avelã.
Agora voamos sobre tetos, à garupa da bruxa estranha. Para iludir a fome, que não temos, pintamos uma romã.
E já os homens sem província, despetala-se a flor aldeã. O poeta aponta-me casas: a de Rimbaud, a de Blake, e a gruta camoniana.
As amadas do poeta, lá embaixo, na curva do rio, ordenam-se em lenta pavana, e uma a uma, gotas ácidas, desaparecem no poema. É há tantos anos, será ontem, foi amanhã? Signos cripto-

gráficos ficam gravados no céu eterno — ou na mesa de um bar abolido, enquanto, debruçado sobre o mármore, silenciosamente viaja o poeta Mário Quintana.

ANIVERSÁRIO

Os cinco anos de tua morte
esculpiram já uma criança.
Moldada em éter, de tal sorte,
ela é fulva e no dia avança.

Este menino malasártico,
Macunaíma de novo porte,
escreve cartas no ar fantástico
para compensar tua morte.

Com todos os dentes, feliz,
lá de um mundo sem sul nem norte,
de teu inesgotável país,
ris. Alegria ou puro esporte?

Ris, irmão, assim cristalino
(Mozart aberto em pianoforte)
o redondo, claro, apolíneo
riso de quem conhece a morte.

Não adianta, vê, te prantearmos...
Tudo sabes, sem que isso importe
em cinismo, pena, sarcasmo.
E, deserto, ficas mais forte.

Giras na Ursa Maior, acaso,
solitário, em meio à coorte,
sem, nas pupilas, flor ou vaso.
Mas o jardim é teu, da morte.

Se de nosso nada possuímos
salvo o apaixonado transporte
— vida é paixão —, contigo rimos,
expectantes, em frente à Porta!

IV. SELO DE MINAS

EVOCAÇÃO MARIANA

A igreja era grande e pobre. Os altares, humildes.
Havia poucas flores. Eram flores de horta.
Sob a luz fraca, na sombra esculpida
(quais as imagens e quais os fiéis?)
ficávamos.

Do padre cansado o murmúrio de reza
subia às tábuas do forro,
batia no púlpito seco,
entranhava-se na onda, minúscula e forte, de incenso,
perdia-se.

Não, não se perdia...
Desatava-se do coro a música deliciosa
(que esperas ouvir à hora da morte, ou depois da morte, nas
                                            [campinas do ar)
e dessa música surgiam meninas — a alvura mesma —
cantando.

De seu peso terrestre a nave libertada,
como do tempo atroz imunes nossas almas,
flutuávamos
no canto matinal, sobre a treva do vale.

ESTAMPAS DE VILA RICA

I. CARMO

Não calques o jardim
nem assustes o pássaro.
Um e outro pertencem
aos mortos do Carmo.

Não bebas a esta fonte
nem toques nos altares.
Todas estas são prendas
dos mortos do Carmo.

Quer nos azulejos
ou no ouro da talha,
olha: o que está vivo
são mortos do Carmo.

II. SÃO FRANCISCO DE ASSIS

Senhor, não mereço isto.
Não creio em vós para vos amar.
Trouxeste-me a São Francisco
e me fazeis vosso escravo.

Não entrarei, senhor, no templo,
seu frontispício me basta.
Vossas flores e querubins
são matéria de muito amar.

Dai-me, senhor, a só beleza
destes ornatos. E não a alma.
Pressente-se dor de homem,
paralela à das cinco chagas.

Mas entro e, senhor, me perco
na rósea nave triunfal.
Por que tanto baixar o céu?
Por que esta nova cilada?

Senhor, os púlpitos mudos
entretanto me sorriem.
Mais que vossa igreja, esta
sabe a voz de me embalar.

Perdão, senhor, por não amar-vos.

III. MERCÊS DE CIMA

Pequena prostituta em frente a Mercês de Cima
Dádiva de corpo na tarde cristã.
Anjos saídos da portada
e nenhum Aleijadinho para recolhê-los.

IV. HOTEL TOFFOLO

E vieram dizer-nos que não havia jantar.
Como se não houvesse outras fomes
e outros alimentos.

Como se a cidade não servisse o seu pão
de nuvens.

Não, hoteleiro, nosso repasto é interior,
e só pretendemos a mesa.
Comeríamos a mesa, se no-lo ordenassem as Escrituras.
Tudo se come, tudo se comunica,
tudo, no coração, é ceia.

V. MUSEU DA INCONFIDÊNCIA

São palavras no chão
e memória nos autos.
As casas inda restam,
os amores, mais não.

E restam poucas roupas,
sobrepeliz de pároco,
a vara de um juiz,
anjos, púrpuras, ecos.

Macia flor de olvido,
sem aroma governas
o tempo ingovernável.
Muros pranteiam. Só.

Toda história é remorso.

MORTE DAS CASAS
DE OURO PRETO

Sobre o tempo, sobre a taipa,
a chuva escorre. As paredes
que viram morrer os homens,
que viram fugir o ouro,
que viram finar-se o reino,
que viram, reviram, viram,
já não vêem. Também morrem.

Assim plantadas no outeiro,
menos rudes que orgulhosas
na sua pobreza branca,
azul e rosa e zarcão,
ai, pareciam eternas!
Não eram. E cai a chuva
sobre rótula e portão.

Vai-se a rótula crivando
como a renda consumida
de um vestido funerário.
E ruindo se vai a porta.
Só a chuva monorrítmica
sobre a noite, sobre a história
goteja. Morrem as casas.

Morrem, severas. É tempo
de fatigar-se a matéria
por muito servir ao homem,
e de o barro dissolver-se.
Nem parecia, na serra,
que as coisas sempre cambiam
de si, em si. Hoje, vão-se.

O chão começa a chamar
as formas estruturadas
faz tanto tempo. Convoca-as
a serem terra outra vez.
Que se incorporem as árvores
hoje vigas! Volte o pó
a ser pó pelas estradas!

A chuva desce, às canadas.
Como chove, como pinga
no país das remembranças!
Como bate, como fere,
como traspassa a medula,
como punge, como lanha
o fino dardo da chuva

mineira, sobre as colinas!
Minhas casas fustigadas,
minhas paredes zurzidas,
minhas esteiras de forro,

meus cachorros de beiral,
meus paços de telha-vã
estão úmidos e humildes.

Lá vão, enxurrada abaixo,
as velhas casas honradas
em que se amou e pariu,
em que se guardou moeda
e no frio se bebeu.
Vão no vento, na caliça,
no morcego, vão na geada,

enquanto se espalham outras
em polvorentas partículas,
sem as vermos fenecer.
Ai, como morrem as casas!
Como se deixam morrer!
E descascadas e secas,
ei-las sumindo-se no ar.

Sobre a cidade concentro
o olhar experimentado,
esse agudo olhar afiado
de quem é douto no assunto.
(Quantos perdi me ensinaram.)
Vejo a coisa pegajosa,
vai circunvoando na calma.

Não basta ver morte de homem
para conhecê-la bem.
Mil outras brotam em nós,
à nossa roda, no chão.
A morte baixou dos ermos,
gavião molhado. Seu bico
vai lavrando o paredão

e dissolvendo a cidade.
Sobre a ponte, sobre a pedra,
sobre a cambraia de Nize,
uma colcha de neblina
(já não é a chuva forte)
me conta por que mistério
o amor se banha na morte.

CANTO NEGRO

À beira do negro poço
debruço-me, nada alcanço.
Decerto perdi os olhos
que tinha quando criança.

Decerto os perdi. Com eles
é que te encarava, preto,
gravura de cama e padre,
talhada em pele, no medo.

Ai, preto, que ris em mim,
nesta roupinha de luto
e nesta noite sem causa,
com saudade das ambacas
que nunca vi, e aonde fui
num cabelo de sovaco.

Preto que vivi, chupando
já não sei que seios moles
mais claros no busto preto
no longo corredor preto
entre volutas de preto
cachimbo em preta cozinha.

Já não sei onde te escondes
que não me encontro nas tuas

dobras de manto mortal.
Já não sei, negro, em que vaso,
que vão ou que labirinto
de mim, te esquivas a mim,
e zombas desta gelada
calma vã de suíça e de alma
em que me pranteio, branco,
brinco, bronco, triste blau
de neutro brasão escócio...
Meu preto, o bom era o nosso.

O mau era o nosso. E amávamos
a comum essência triste
que transmutava os carinhos
numa visguenta doçura
de vulva negro-amaranto,
barata! que vosso preço,
ó corpos de antigamente,
somente estava no dom
de vós mesmos ao desejo,
num entregar-se sem pejo
de terra pisada.
      Amada,
talvez não, mas que cobiça
tu me despertavas, linha
que subindo pelo artelho,
enovelando-se no joelho,
dava ao mistério das coxas
uma ardente pulcritude,

uma graça, uma virtude
que nem sei como acabava
entre as moitas e coágulos
da letárgica bacia
onde a gente se pasmava,
se perdia, se afogava
e depois se ressarcia.

Bacia negra, o clarão
que súbito entremostravas
ilumina toda a vida
e por sobre a vida entreabre
um coalho fixo lunar,
neste amarelo descor
das posses de todo dia,
sol preto sobre água fria.

Vejo os garotos na escola,
preto-branco-branco-preto,
vejo pés pretos e uns brancos
dentes de marfim mordente,
o alvor do riso escondendo
outra negridão maior,
o negro central, o negro
que enegrece teu negrume
e que nada mais resume
além dessa solitude
que do branco vai ao preto
e do preto volta pleno

de soluços e resmungos,
como um rancor de si mesmo...

Como um rancor de si mesmo,
vem do preto essa ternura,
essa onda amarga, esse bafo
a rodar pelas calçadas,
famélica voz perdida
numa garrafa de breu,
de pranto ou coisa nenhuma:
esse estar e não-estar,
esse não-estar já sendo,
esse ir como esse refluir,
dançar de umbigo, litúrgico,
sofrer, brunir bem a roupa
que só um anjo vestira,
se é que os anjos se mirassem,
essa nostalgia rara
de um país antes dos outros,
antes do mito e do sol,
onde as coisas nem de brancas
fossem chamadas, lançando-se
definitivas eternas
coisas bem antes dos homens.

À beira do negro poço
debruço-me; e nele vejo,
agora que não sou moço,
um passarinho e um desejo.

OS BENS E O SANGUE

I

Às duas horas da tarde deste nove de agosto de 1847
nesta fazenda do Tanque e em dez outras casas de rei, *q* não de
[valete,
em Itabira Ferros Guanhães Cocais Joanésia Capão
diante do estrume em *q* se movem nossos escravos, e da viração
perfumada dos cafezais *q* trança na palma dos coqueiros
fiéis servidores de nossa paisagem e de nossos fins primeiros,
deliberamos vender, como de fato vendemos, cedendo posse jus
[e domínio
e abrangendo desde os engenhos de secar areia até o ouro mais
[fino,
nossas lavras mto. nossas por herança de nossos pais e sogros
[bem-amados
q dormem na paz de Deus entre santas e santos martirizados.
Por isso neste papel azul Bath escrevemos com a nossa melhor
[letra
estes nomes *q* em qualquer tempo desafiarão tramóia trapaça e
[treta:

    ESMERIL   PISSARRÃO
    CANDONGA   CONCEIÇÃO

E tudo damos por vendido ao compadre e nosso amigo o snr.
[Raimundo Procópio

e a d. Maria Narcisa sua mulher, e o *q* não for vendido, por
[alborque
de nossa mão passará, e trocaremos lavras por matas,
lavras por títulos, lavras por mulas, lavras por mulatas e arriatas,
que trocar é nosso fraco e lucrar é nosso forte. Mas fique escla-
[recido:
somos levados menos por gosto do sempre negócio *q* no sen-
[tido
de nossa remota descendência ainda mal debuxada no longe dos
[serros.
De nossa mente lavamos o ouro como de nossa alma um dia os
[erros
se lavarão na pia da penitência. E filhos netos bisnetos
tataranetos despojados dos bens mais sólidos e rutilantes portan-
[to os mais completos
irão tomando a pouco e pouco desapego de toda fortuna
e concentrando seu fervor numa riqueza só, abstrata e una.

LAVRA DA PACIÊNCIA
LAVRINHA DE CUBAS
ITABIRUÇU

II

Mais que todos deserdamos
deste nosso oblíquo modo
um menino inda não dado
(e melhor não fora nado)

que de nada lhe daremos
sua parte de nonada
e que nada, porém nada
o há de ter desenganado.

E nossa rica fazenda
já presto se desfazendo
vai-se em sal cristalizando
na porta de sua casa
ou até na ponta da asa
de seu nariz fino e frágil,
de sua alma fina e frágil,
de sua certeza frágil
frágil frágil frágil frágil

mas que por frágil é ágil,
e na sua mala-sorte
se rirá ele da morte.

III

Este figura em nosso
pensamento secreto.
Num magoado alvoroço
o queremos marcado
a nos negar; depois
de sua negação
nos buscará. Em tudo

será pelo contrário
seu fado extra-ordinário.
Vergonha da família
que de nobre se humilha
na sua malincônica
tristura meio cômica,
dulciamara nux-vômica.

IV

Este hemos por bem
reduzir à simples
condição ninguém.
Não lavrará campo.
Tirará sustento
de algum mel nojento.
Há de ser violento
sem ter movimento.
Sofrerá tormenta
no melhor momento.
Não se sujeitando
a um poder celeste
ei-lo senão quando
de nudez se veste,
roga à escuridão
abrir-se em clarão.
Este será tonto
e amará no vinho

um novo equilíbrio
e seu passo tíbio
sairá na cola
de nenhum caminho.

V

— Não judie com o menino,
compadre.
— Não torça tanto o pepino,
major.
— Assim vai crescer mofino,
sinhô!

— Pedimos pelo menino porque pedir é nosso destino.
Pedimos pelo menino porque vamos acalentá-lo.
Pedimos pelo menino porque já se ouve planger o sino
do tombo que ele levar quando monte a cavalo.

— Vai cair do cavalo
de cabeça no valo.
Vai ter catapora
amarelão e gálico
vai errar o caminho
vai quebrar o pescoço
vai deitar-se no espinho
fazer tanta besteira
e dar tanto desgosto

que nem a vida inteira
dava para contar.
E vai muito chorar.
(A praga que te rogo
para teu bem será.)

VI

Os urubus no telhado:

E virá a companhia inglesa e por sua vez comprará tudo
e por sua vez perderá tudo e tudo volverá a nada
e secado o ouro escorrerá ferro, e secos morros de ferro
taparão o vale sinistro onde não mais haverá privilégios,
e se irão os últimos escravos, e virão os primeiros camaradas;
e a besta Belisa renderá os arrogantes corcéis da monarquia,
e a vaca Belisa dará leite no curral vazio para o menino doentio,
e o menino crescerá sombrio, e os antepassados no cemitério
se rirão se rirão porque os mortos não choram.

VII

Ó monstros lajos e andridos que me perseguis com vossas bar-
[ganhas
sobre meu berço imaturo e de minhas minas me expulsais.
Os parentes que eu amo expiraram solteiros.
Os parentes que eu tenho não circulam em mim.

Meu sangue é dos que não negociaram, minha alma é dos pretos,
minha carne dos palhaços, minha fome das nuvens,
e não tenho outro amor a não ser o dos doidos.

Onde estás, capitão, onde estás, João Francisco,
do alto de tua serra eu te sinto sozinho
e sem filhos e netos interrompes a linha
que veio dar a mim neste chão esgotado.
Salva-me, capitão, de um passado voraz.
Livra-me, capitão, da conjura dos mortos.
Inclui-me entre os que não são, sendo filhos de ti.
E no fundo da mina, ó capitão, me esconde.

VIII

— Ó meu, ó nosso filho de cem anos depois,
que não sabes viver nem conheces os bois
pelos seus nomes tradicionais... nem suas cores
marcadas em padrões eternos desde o Egito.
Ó filho pobre, e descorçoado, e finito,
ó inapto para as cavalhadas e os trabalhos brutais
com a faca, o formão, o couro... Ó tal como quiséramos
para tristeza nossa e consumação das eras,
para o fim de tudo que foi grande!
                        Ó desejado,
ó poeta de uma poesia que se furta e se expande
à maneira de um lago de pez e resíduos letais...
És nosso fim natural e somos teu adubo,

tua explicação e tua mais singela virtude...
Pois carecia que um de nós nos recusasse
para melhor servir-nos. Face a face
te contemplamos, e é teu esse primeiro
e úmido beijo em nossa boca de barro e de sarro.

V. OS LÁBIOS CERRADOS

CONVÍVIO

Cada dia que passa incorporo mais esta verdade, de que eles não
[vivem senão em nós
e por isso vivem tão pouco; tão intervalado; tão débil.
Fora de nós é que talvez deixaram de viver, para o que se chama
[tempo.
E essa eternidade negativa não nos desola.
Pouco e mal que eles vivam, dentro de nós, é vida não obstante.
E já não enfrentamos a morte, de sempre trazê-la conosco.

Mas, como estão longe, ao mesmo tempo que nossos atuais ha-
[bitantes
e nossos hóspedes e nossos tecidos e a circulação nossa!
A mais tênue forma exterior nos atinge.
O próximo existe. O pássaro existe.
E eles também existem, mas que oblíquos! e mesmo sorrindo,
[que disfarçados...

Há que renunciar a toda procura.
Não os encontraríamos, ao encontrá-los.
Ter e não ter em nós um vaso sagrado,
um depósito, uma presença contínua,
esta é nossa condição, enquanto,
sem condição, transitamos
e julgamos amar
e calamo-nos.

Ou talvez existamos somente neles, que são omissos, e nossa
[existência,
apenas uma forma impura de silêncio, que preferiram.

PERMANÊNCIA

Agora me lembra um, antes me lembrava outro.

Dia virá em que nenhum será lembrado.

Então no mesmo esquecimento se fundirão.
Mais uma vez a carne unida, e as bodas
cumprindo-se em si mesmas, como ontem e sempre.

Pois eterno é o amor que une e separa, e eterno o fim
(já começara, antes de ser), e somos eternos,
frágeis, nebulosos, tartamudos, frustrados: eternos.
E o esquecimento ainda é memória, e lagoas de sono
selam em seu negrume o que amamos e fomos um dia,
ou nunca fomos, e contudo arde em nós
à maneira da chama que dorme nos paus de lenha jogados no
[galpão.

PERGUNTAS

Numa incerta hora fria
perguntei ao fantasma
que força nos prendia,
ele a mim, que presumo
estar livre de tudo,
eu a ele, gasoso,
todavia palpável
na sombra que projeta
sobre meu ser inteiro:
um ao outro, cativos
desse mesmo princípio
ou desse mesmo enigma
que distrai ou concentra
e renova e matiza,
prolongando-a no espaço,
uma angústia do tempo.

Perguntei-lhe em seguida
o segredo de nosso
convívio sem contato,
de estarmos ali quedos,
eu em face do espelho,
e o espelho devolvendo
uma diversa imagem,
mas sempre evocativa
do primeiro retrato

que compõe de si mesma
a alma predestinada
a um tipo de aventura
terrestre, cotidiana.

Perguntei-lhe depois
por que tanto insistia
nos mares mais exíguos
em distribuir navios
desse calado irreal,
sem rota ou pensamento
de atingir qualquer porto,
propícios a naufrágio
mais que a navegação;
nos frios alcantis
de meu serro natal,
desde muito derruído,
em acordar memórias
de vaqueiros e vozes,
magras reses, caminhos
onde a bosta de vaca
é único ornamento,
e o coqueiro-de-espinho
desolado se alteia.

Perguntei-lhe por fim
a razão sem razão
de me inclinar aflito
sobre restos de restos,

de onde nenhum alento
vem refrescar a febre
deste repensamento;
sobre esse chão de ruínas
imóveis, militares
na sua rigidez
que o orvalho matutino
já não banha ou conforta.

No vôo que desfere,
silente e melancólico,
rumo da eternidade,
ele apenas responde
(se acaso é responder
a mistérios, somar-lhes
um mistério mais alto):

Amar, depois de perder.

CARTA

Bem quisera escrevê-la
com palavras sabidas,
as mesmas, triviais,
embora estremecessem
a um toque de paixão.
Perfurando os obscuros
canais de argila e sombra,
ela iria contando
que vou bem, e amo sempre
e amo cada vez mais
a essa minha maneira
torcida e reticente,
e espero uma resposta,
mas que não tarde; e peço
um objeto minúsculo
só para dar prazer
a quem pode ofertá-lo;
diria ela do tempo
que faz do nosso lado;
as chuvas já secaram,
as crianças estudam,
uma última invenção
(inda não é perfeita)
faz ler nos corações,
mas todos esperamos
rever-nos bem depressa.

Muito depressa, não.
Vai-se tornando o tempo
estranhamente longo
à medida que encurta.
O que ontem disparava,
desbordado alazão,
hoje se paralisa
em esfinge de mármore,
e até o sono, o sono
que era grato e era absurdo
é um dormir acordado
numa planície grave.
Rápido é o sonho, apenas,
que se vai, de mandar
notícias amorosas
quando não há amor
a dar ou receber;
quando só há lembrança,
ainda menos, pó,
menos ainda, nada,
nada de nada em tudo,
em mim mais do que em tudo,
e não vale acordar
quem acaso repouse
na colina sem árvores.
Contudo, esta é uma carta.

ENCONTRO

Meu pai perdi no tempo e ganho em sonho
Se a noite me atribui poder de fuga,
sinto logo meu pai e nele ponho
o olhar, lendo-lhe a face, ruga a ruga.

Está morto, que importa? Inda madrugada
e seu rosto, nem triste nem risonho,
é o rosto, antigo, o mesmo. E não enxuga
suor algum, na calma de meu sonho.

Ó meu pai arquiteto e fazendeiro!
Faz casas de silêncio, e suas roças
de cinza estão maduras, orvalhadas

por um rio que corre o tempo inteiro,
e corre além do tempo, enquanto as nossas
murcham num sopro fontes represadas.

A MESA

E não gostavas de festa...
Ó velho, que festa grande
hoje te faria a gente.
E teus filhos que não bebem
e o que gosta de beber,
em torno da mesa larga,
largavam as tristes dietas,
esqueciam seus fricotes,
e tudo era farra honesta
acabando em confidência.
Ai, velho, ouvirias coisas
de arrepiar teus noventa.
E daí, não te assustávamos,
porque, com riso na boca,
e a nédia galinha, o vinho
português de boa pinta,
e mais o que alguém faria
de mil coisas naturais
e fartamente poria
em mil terrinas da China,
já logo te insinuávamos
que era tudo brincadeira.
Pois sim. Teu olho cansado,
mas afeito a ler no campo
uma lonjura de léguas,
e na lonjura uma rês

perdida no azul azul,
entrava-nos alma adentro
e via essa lama podre
e com pesar nos fitava
e com ira amaldiçoava
e com doçura perdoava
(perdoar é rito de pais,
quando não seja de amantes).
E, pois, todo nos perdoando,
por dentro te regalavas
de ter filhos assim... Puxa,
grandessíssimos safados,
me saíram bem melhor
que as encomendas. De resto,
filho de peixe... Calavas,
com agudo sobrecenho
interrogavas em ti
uma lembrança saudosa
e não de todo remota
e rindo por dentro e vendo
que lançaras uma ponte
dos passos loucos do avô
à incontinência dos netos,
sabendo que toda carne
aspira à degradação,
mas numa via de fogo
e sob um arco sexual,
tossias. Hem, hem, meninos,
não sejam bobos. Meninos?

Uns marmanjos cinqüentões,
calvos, vividos, usados,
mas resguardando no peito
essa alvura de garoto,
essa fuga para o mato,
essa gula defendida
e o desejo muito simples
de pedir à mãe que cosa,
mais do que nossa camisa,
nossa alma frouxa, rasgada...
Ai, grande jantar mineiro
que seria esse... Comíamos,
e comer abria fome,
e comida era pretexto.
E nem mesmo precisávamos
ter apetite, que as coisas
deixavam-se espostejar,
e amanhã é que eram elas.
Nunca desdenhe o tutu.
Vá lá mais um torresminho.
E quanto ao peru? Farofa
há de ser acompanhada
de uma boa cachacinha,
não desfazendo em cerveja,
essa grande camarada.
Ind'outro dia... Comer
guarda tamanha importância
que só o prato revele
o melhor, o mais humano

dos seres em sua treva?
Beber é pois tão sagrado
que só bebido meu mano
me desata seu queixume,
abrindo-me sua palma?
Sorver, papar: que comida
mais cheirosa, mais profunda
no seu tronco luso-árabe,
e que bebida mais santa
que a todos nos une em um
tal centímano glutão,
parlapatão e bonzão!
E nem falta a irmã que foi
mais cedo que os outros e era
rosa de nome e nascera
em dia tal como o de hoje
para enfeitar tua data.
Seu nome sabe a camélia,
e sendo uma rosa-amélia,
flor muito mais delicada
que qualquer das rosas-rosa,
viveu bem mais do que o nome,
porém no íntimo claustrava
a rosa esparsa. A teu lado,
vê: recobrou-se-lhe o viço.
Aqui sentou-se o mais velho.
Tipo do manso, do sonso,
não servia para padre,
amava casos bandalhos;

depois o tempo fez dele
o que faz de qualquer um;
e à medida que envelhece,
vai estranhamente sendo
retrato teu sem ser tu,
de sorte que se o diviso
de repente, sem anúncio,
és tu que me reapareces
noutro velho de sessenta.
Este outro aqui é doutor,
o bacharel da família,
mas suas letras mais doutas
são as escritas no sangue,
ou sobre a casca das árvores.
Sabe o nome da florzinha
e não esquece o da fruta
mais rara que se prepara
num casamento genético.
Mora nele a nostalgia,
citadino, do ar agreste,
e, camponês, do letrado.
Então vira patriarca.
Mais adiante vês aquele
que de ti herdou a dura
vontade, o duro estoicismo.
Mas, não quis te repetir.
Achou não valer a pena
reproduzir sobre a terra
o que a terra engolirá.

Amou. E ama. E amará.
Só não quer que seu amor
seja uma prisão de dois,
um contrato, entre bocejos
e quatro pés de chinelo.
Feroz a um breve contato,
à segunda vista, seco,
à terceira vista, lhano,
dir-se-ia que ele tem medo
de ser, fatalmente, humano.
Dir-se-ia que ele tem raiva,
mas que mel transcende a raiva,
e que sábios, ardilosos
recursos de se enganar
quanto a si mesmo: exercita
uma força que não sabe
chamar-se, apenas, bondade.
Esta calou-se. Não quis
manter com palavras novas
o colóquio subterrâneo
que num sussurro percorre
a gente mais desatada.
Calou-se, não te aborreças.
Se tanto assim a querias,
algo nela ainda te quer,
à maneira atravessada
que é própria de nosso jeito.
(Não ser feliz tudo explica.)
Bem sei como são penosos

esses lances de família,
e discutir neste instante
seria matar a festa,
matando-te — não se morre
uma só vez, nem de vez.
Restam sempre muitas vidas
para serem consumidas
na razão dos desencontros
de nosso sangue nos corpos
por onde vai dividido.
Ficam sempre muitas mortes
para serem longamente
reencarnadas noutro morto.
Mas estamos todos vivos.
E mais que vivos, alegres.
Estamos todos como éramos
antes de ser, e ninguém
dirá que ficou faltando
algum dos teus. Por exemplo:
ali ao canto da mesa,
não por humilde, talvez
por ser o rei dos vaidosos
e se pelar por incômodas
posições de tipo *gauche*,
ali me vês tu. Que tal?
Fica tranqüilo: trabalho.
Afinal, a boa vida
ficou apenas: a vida
(e nem era assim tão boa

e nem se fez muito má).
Pois ele sou eu. Repara:
tenho todos os defeitos
que não farejei em ti,
e nem os tenho que tinhas,
quanto mais as qualidades.
Não importa: sou teu filho
com ser uma negativa
maneira de te afirmar.
Lá que brigamos, brigamos
opa! que não foi brinquedo,
mas os caminhos do amor,
só amor sabe trilhá-los.
Tão ralo prazer te dei,
nenhum, talvez... ou senão,
esperança de prazer,
é, pode ser que te desse
a neutra satisfação
de alguém sentir que seu filho,
de tão inútil, seria
sequer um sujeito ruim.
Não sou um sujeito ruim.
Descansa, se o suspeitavas,
mas não sou lá essas coisas.
Alguns afetos recortam
o meu coração chateado.
Se me chateio? demais.
Esse é meu mal. Não herdei
de ti essa balda. Bem,

não me olhes tão longo tempo,
que há muitos a ver ainda.
Há oito. E todos minúsculos,
todos frustrados. Que flora
mais triste fomos achar
para ornamento de mesa!
Qual nada. De tão remotos,
de tão puros e esquecidos
no chão que suga e transforma,
são anjos. Que luminosos!
que raios de amor radiam,
e em meio a vagos cristais
o cristal deles retine,
reverbera a própria sombra.
São anjos que se dignaram
participar do banquete,
alisar o tamborete,
viver vida de menino.
São anjos; e mal sabias
que um mortal devolve a Deus
algo de sua divina
substância aérea e sensível,
se tem um filho e se o perde.
Conta: quatorze na mesa.
Ou trinta? serão cinqüenta,
que sei? se chegam mais outros,
uma carne cada dia
multiplicada, cruzada
a outras carnes de amor.

São cinqüenta pecadores,
se pecado é ter nascido
e provar, entre pecados,
os que nos foram legados.
A procissão de teus netos,
alongando-se em bisnetos,
veio pedir tua bênção
e comer de teu jantar.
Repara um pouquinho nesta,
no queixo, no olhar, no gesto,
e na consciência profunda
e na graça menineira,
e dize, depois de tudo,
se não é, entre meus erros,
uma imprevista verdade.
Esta é minha explicação,
meu verso melhor ou único,
meu tudo enchendo meu nada.
Agora a mesa repleta
está maior do que a casa.
Falamos de boca cheia,
xingamo-nos mutuamente,
rimos, ai, de arrebentar,
esquecemos o respeito
terrível, inibidor,
e toda a alegria nossa,
ressecada em tantos negros
bródios comemorativos
(não convém lembrar agora),

os gestos acumulados
de efusão fraterna, atados
(não convém lembrar agora),
as fina-e-meigas palavras
que ditas naquele tempo
teriam mudado a vida
(não convém mudar agora),
vem tudo à mesa e se espalha
qual inédita vitualha.
Oh que ceia mais celeste
e que gozo mais do chão!
Quem preparou? que inconteste
vocação de sacrifício
pôs a mesa, teve os filhos?
quem se apagou? quem pagou
a pena deste trabalho?
quem foi a mão invisível
que traçou este arabesco
de flor em torno ao pudim,
como se traça uma auréola?
quem tem auréola? quem não
a tem, pois que, sendo de ouro,
cuida logo em reparti-la,
e se pensa melhor faz?
quem senta do lado esquerdo,
assim curvada? que branca,
mas que branca mais que branca
tarja de cabelos brancos
retira a cor das laranjas,

anula o pó do café,
cassa o brilho aos serafins?
quem é toda luz e é branca?
Decerto não pressentias
como o branco pode ser
uma tinta mais diversa
da mesma brancura... Alvura
elaborada na ausência
de ti, mas ficou perfeita,
concreta, fria, lunar.
Como pode nossa festa
ser de um só que não de dois?
Os dois ora estais reunidos
numa aliança bem maior
que o simples elo da terra.
Estais juntos nesta mesa
de madeira mais de lei
que qualquer lei da república.
Estais acima de nós,
acima deste jantar
para o qual vos convocamos
por muito — enfim — vos querermos
e, amando, nos iludirmos
junto da mesa
               vazia.

VI. A MÁQUINA DO MUNDO

A MÁQUINA DO MUNDO

E como eu palmilhasse vagamente
uma estrada de Minas, pedregosa,
e no fecho da tarde um sino rouco

se misturasse ao som de meus sapatos
que era pausado e seco; e aves pairassem
no céu de chumbo, e suas formas pretas

lentamente se fossem diluindo
na escuridão maior, vinda dos montes
e de meu próprio ser desenganado,

a máquina do mundo se entreabriu
para quem de a romper já se esquivava
e só de o ter pensado se carpia.

Abriu-se majestosa e circunspecta,
sem emitir um som que fosse impuro
nem um clarão maior que o tolerável

pelas pupilas gastas na inspeção
contínua e dolorosa do deserto,
e pela mente exausta de mentar

toda uma realidade que transcende
a própria imagem sua debuxada
no rosto do mistério, nos abismos.

Abriu-se em calma pura, e convidando
quantos sentidos e intuições restavam
a quem de os ter usado os já perdera

e nem desejaria recobrá-los,
se em vão e para sempre repetimos
os mesmos sem roteiro tristes périplos,

convidando-os a todos, em coorte,
a se aplicarem sobre o pasto inédito
da natureza mítica das coisas,

assim me disse, embora voz alguma
ou sopro ou eco ou simples percussão
atestasse que alguém, sobre a montanha,

a outro alguém, noturno e miserável,
em colóquio se estava dirigindo:
"O que procuraste em ti ou fora de

teu ser restrito e nunca se mostrou,
mesmo afetando dar-se ou se rendendo,
e a cada instante mais se retraindo,

olha, repara, ausculta: essa riqueza
sobrante a toda pérola, essa ciência
sublime e formidável, mas hermética,

essa total explicação da vida,
esse nexo primeiro e singular
que nem concebes mais, pois tão esquivo

se revelou ante a pesquisa ardente
em que te consumiste... vê, contempla,
abre teu peito para agasalhá-lo."

As mais soberbas pontes e edifícios,
o que nas oficinas se elabora,
o que pensado foi e logo atinge

distância superior ao pensamento,
os recursos da terra dominados,
e as paixões e os impulsos e os tormentos

e tudo que define o ser terrestre
ou se prolonga até nos animais
e chega às plantas para se embeber

no sono rancoroso dos minérios,
dá volta ao mundo e torna a se engolfar
na estranha ordem geométrica de tudo,

e o absurdo original e seus enigmas,
suas verdades altas mais que tantos
monumentos erguidos à verdade;

e a memória dos deuses, e o solene
sentimento de morte, que floresce
no caule da existência mais gloriosa,

tudo se apresentou nesse relance
e me chamou para seu reino augusto,
afinal submetido à vista humana.

Mas, como eu relutasse em responder
a tal apelo assim maravilhoso,
pois a fé se abrandara, e mesmo o anseio,

a esperança mais mínima — esse anelo
de ver desvanecida a treva espessa
que entre os raios do sol inda se filtra;

como defuntas crenças convocadas
presto e fremente não se produzissem
a de novo tingir a neutra face

que vou pelos caminhos demonstrando,
e como se outro ser, não mais aquele
habitante de mim há tantos anos,

passasse a comandar minha vontade
que, já de si volúvel, se cerrava
semelhante a essas flores reticentes

em si mesmas abertas e fechadas;
como se um dom tardio já não fora
apetecível, antes despiciendo,

baixei os olhos, incurioso, lasso,
desdenhando colher a coisa oferta
que se abria gratuita a meu engenho.

A treva mais estrita já pousara
sobre a estrada de Minas, pedregosa,
e a máquina do mundo, repelida,

se foi miudamente recompondo,
enquanto eu, avaliando o que perdera,
seguia vagaroso, de mãos pensas.

RELÓGIO DO ROSÁRIO

Era tão claro o dia, mas a treva,
do som baixando, em seu baixar me leva

pelo âmago de tudo, e no mais fundo
decifro o choro pânico do mundo,

que se entrelaça no meu próprio choro,
e compomos os dois um vasto coro.

Oh dor individual, afrodisíaco
selo gravado em plano dionisíaco,

a desdobrar-se, tal um fogo incerto,
em qualquer um mostrando o ser deserto,

dor primeira e geral, esparramada,
nutrindo-se do sal do próprio nada,

convertendo-se, turva e minuciosa,
em mil pequena dor, qual mais raivosa,

prelibando o momento bom de doer,
a invocá-lo, se custa a aparecer,

dor de tudo e de todos, dor sem nome,
ativa mesmo se a memória some,

dor do rei e da roca, dor da cousa
indistinta e universa, onde repousa

tão habitual e rica de pungência
como um fruto maduro, uma vivência,

dor dos bichos, oclusa nos focinhos,
nas caudas titilantes, nos arminhos,

dor do espaço e do caos e das esferas,
do tempo que há de vir, das velhas eras!

Não é pois todo amor alvo divino,
e mais aguda seta que o destino?

Não é motor de tudo e nossa única
fonte de luz, na luz de sua túnica?

O amor elide a face... Ele murmura
algo que foge, e é brisa e fala impura.

O amor não nos explica. E nada basta,
nada é de natureza assim tão casta

que não macule ou perca sua essência
ao contato furioso da existência.

Nem existir é mais que um exercício
de pesquisar de vida um vago indício,

a provar a nós mesmos que, vivendo,
estamos para doer, estamos doendo.

Mas, na dourada praça do Rosário,
foi-se, no som, a sombra. O columbário

já cinza se concentra, pó de tumbas,
já se permite azul, risco de pombas.

DRUMMOND
VIDA E OBRA

CRONOLOGIA

1902 Nasce em Itabira do Mato Dentro, estado de Minas Gerais, em 31 de outubro, nono filho de Carlos de Paula Andrade, fazendeiro, e D. Julieta Augusta Drummond de Andrade.

1910 Inicia o curso primário no Grupo Escolar Dr. Carvalho Brito, em Belo Horizonte, onde conhece Gustavo Capanema e Afonso Arinos de Melo Franco.

1916 Aluno interno no Colégio Arnaldo da Congregação do Verbo Divino, Belo Horizonte.

1917 Toma aulas particulares com o professor Emílio Magalhães, em Itabira.

1918 Aluno interno no Colégio Anchieta da Companhia de Jesus, em Nova Friburgo; é laureado em "certames literários".

Seu irmão Altivo publica, no único exemplar do jornalzinho *Maio*, seu poema em prosa "Onda".

1919 Expulso do Colégio Anchieta por "insubordinação mental".

1920 Muda-se com a família para Belo Horizonte.

1921 Publica seus primeiros trabalhos na seção "Sociais" do *Diário de Minas*.

Conhece Milton Campos, Abgar Renault, Emílio Moura, Alberto Campos, Mário Casassanta, João Alphonsus, Batista Santiago, Aníbal Machado, Pedro Nava, Gabriel Passos, Heitor de Sousa e João Pinheiro Filho, todos freqüentadores do Café Estrela e da Livraria Alves.

1922 Ganha 50 mil-réis de prêmio pelo conto "Joaquim do Telhado", no concurso Novela Mineira.

Publica trabalhos nas revistas *Todos* e *Ilustração Brasileira*.

1923 Entra para a Escola de Odontologia e Farmácia de Belo Horizonte.

1924 Inicia a correspondência com Manuel Bandeira, manifestando-lhe sua admiração.

Conhece Blaise Cendrars, Oswald de Andrade, Tarsila do Amaral e Mário de Andrade, no Grande Hotel de Belo Horizonte. Pouco tempo depois inicia a correspondência com Mário de Andrade, que durará até poucos dias antes da morte de Mário.

1925 Casa-se com a senhorita Dolores Dutra de Morais, a primeira ou segunda mulher a trabalhar num emprego (como contadora numa fábrica de sapatos) em Belo Horizonte, segundo o próprio Drummond.

Funda, junto com Emílio Moura e Gregoriano Canedo, *A Revista*, órgão modernista do qual saem três números.

Conclui o curso de Farmácia, mas não chega a exercer a profissão, alegando querer "preservar a saúde dos outros".

1926 Leciona Geografia e Português no Ginásio Sul-Americano de Itabira.

Volta para Belo Horizonte, por iniciativa de Alberto Campos, para trabalhar como redator-chefe do *Diário de Minas*.

Heitor Villa-Lobos, sem conhecê-lo, compõe uma seresta sobre o poema "Cantiga de viúvo".

1927 Nasce, no dia 22 de março, seu filho Carlos Flávio, que morre meia hora depois, devido a complicações respiratórias.

1928 Nasce, no dia 4 de março, sua filha Maria Julieta, que se tornará sua grande companheira e confidente ao longo da vida.

Publica na *Revista de Antropofagia* de São Paulo o poema "No meio do caminho", que se torna um dos maiores escândalos literários do Brasil.

Torna-se auxiliar de redação da *Revista do Ensino*, da Secretaria de Educação.

1929 Deixa o *Diário de Minas* para trabalhar no *Minas Gerais*, órgão oficial do estado, como auxiliar de redação e pouco depois como redator, sob a direção de Abílio Machado.

1930 Publica seu primeiro livro, *Alguma poesia*, em edição de 500 exemplares paga pelo autor, sob o selo imaginário Edições Pindorama, criado por Eduardo Frieiro.

Auxiliar de gabinete do secretário de Interior, Cristiano Machado, passa a oficial de gabinete quando seu amigo Gustavo Capanema substitui Machado.

1931 Morre, aos 70 anos, seu pai, Carlos de Paula Andrade.

1933 Redator de *A Tribuna*.

Acompanha Gustavo Capanema quando este é nomeado interventor federal em Minas Gerais.

1934 Trabalha como redator nos jornais *Minas Gerais, Estado de Minas* e *Diário da Tarde*, simultaneamente.

Publica *Brejo das Almas*, em edição de 200 exemplares, pela cooperativa Os Amigos do Livro.

Muda-se com D. Dolores e Maria Julieta para o Rio de Janeiro, onde passa a trabalhar como chefe de gabinete de Gustavo Capanema, novo ministro da Educação e Saúde Pública.

1935 Responde pelo expediente da Diretoria-Geral e é membro da Comissão de Eficiência do Ministério da Educação.

1937 Colabora na *Revista Acadêmica*, de Murilo Miranda.

1940 Publica *Sentimento do mundo*, em tiragem de 150 exemplares, distribuídos entre os amigos.

1941 Assina, sob o pseudônimo O Observador Literário, a seção "Conversa literária" da revista *Euclides*.

Colabora no suplemento literário de *A Manhã*, dirigido por Múcio Leão e mais tarde por Jorge Lacerda.

1942 A Livraria José Olympio Editora publica *Poesias*. José Olympio é o primeiro editor a publicar a obra do poeta.

1943 Traduz e publica a obra *Thérèse Desqueyroux*, de François Mauriac, sob o título de *Uma gota de veneno*.

1944 Publica *Confissões de Minas*, por iniciativa de Álvaro Lins.

1945 Publica *A rosa do povo*, pela José Olympio, e a novela *O gerente*, pela Edições Horizonte.

Colabora no suplemento literário do *Correio da Manhã* e na *Folha Carioca*.

Deixa a chefia de gabinete de Capanema, sem nenhum atrito com este, e, a convite de Luís Carlos Prestes, figura como co-editor do diário comunista *Tribuna Popular*, junto com Pedro Mota Lima, Álvaro

Moreyra, Aydano do Couto Ferraz e Dalcídio Jurandir. Meses depois se afasta do jornal, por discordar da sua orientação.

É chamado por Rodrigo M. F. de Andrade para trabalhar na Diretoria do Patrimônio Histórico e Artístico Nacional, onde mais tarde se tornará chefe da Seção de História, na Divisão de Estudos e Tombamento.

1946 Recebe o Prêmio pelo Conjunto da Obra, da Sociedade Felipe d'Oliveira.

Aos 17 anos de idade, sua filha Maria Julieta publica a novela *A busca*, pela José Olympio.

1947 É publicada sua tradução de *Les Liaisons dangereuses*, de Choderlos de Laclos, sob o título de *As relações perigosas*.

1948 Publica *Poesia até agora*.

Colabora em *Política e Letras*, de Odylo Costa, filho.

Morre sua mãe, Julieta Augusta Drummond de Andrade. Comparece ao enterro em Itabira, que acontece ao mesmo tempo em que é executada, no Teatro Municipal do Rio de Janeiro, a obra *Poema de Itabira*, de Heitor Villa-Lobos, composta sobre seu poema "Viagem na família".

1949 Volta a escrever no jornal *Minas Gerais*.

Sua filha Maria Julieta casa-se com o escritor e advogado argentino Manuel Graña Etcheverry e passa a residir em Buenos Aires, onde desempenhará, ao longo de 34 anos, um importante trabalho de divulgação da cultura brasileira.

1950 Viaja a Buenos Aires para o nascimento de seu primeiro neto, Carlos Manuel.

1951 Publica *Claro enigma*, *Contos de aprendiz* e *A mesa*.

É publicado em Madri o livro *Poemas*.

1952 Publica *Passeios na ilha* e *Viola de bolso*.

1953 Exonera-se do cargo de redator do *Minas Gerais*, ao ser estabilizada sua situação de funcionário da DPHAN.

Vai a Buenos Aires para o nascimento de seu neto Luis Mauricio, a quem dedica o poema "A Luis Mauricio, infante".

É publicado em Buenos Aires o livro *Dos poemas*, com tradução de Manuel Graña Etcheverry, genro do poeta.

1954 Publica *Fazendeiro do ar & Poesia até agora*.

Aparece sua tradução de *Les Paysans*, de Balzac.

Realiza na Rádio Ministério da Educação, em diálogo com Lya Cavalcanti, a série de palestras "Quase memórias".

Inicia no *Correio da Manhã* a série de crônicas "Imagens", mantida até 1969.

1955 Publica *Viola de bolso novamente encordoada*.

1956 Publica *50 poemas escolhidos pelo autor*.

Aparece sua tradução de *Albertine disparue*, de Marcel Proust.

1957 Publica *Fala, amendoeira* e *Ciclo*.

1958 Publica-se em Buenos Aires uma seleção de seus poemas na coleção Poetas del Siglo Veinte.

É encenada e publicada a sua tradução de *Doña Rosita la soltera*, de Federico García Lorca, pela qual recebe o Prêmio Padre Ventura, do Círculo Independente de Críticos Teatrais.

1960 Nasce em Buenos Aires seu terceiro neto, Pedro Augusto.

A Biblioteca Nacional publica a sua tradução de *Oiseaux-mouches ornithorynques du Brésil*, de Descourtilz.

Colabora em *Mundo Ilustrado*.

1961 Colabora no programa *Quadrante*, da Rádio Ministério da Educação, instituído por Murilo Miranda.

Morre seu irmão Altivo.

1962 Publica *Lição de coisas, Antologia poética* e *A bolsa e a vida*.

É demolida a casa da Rua Joaquim Nabuco, 81, onde viveu 21 anos. Passa a residir em apartamento.

São publicadas suas traduções de *L'Oiseau bleu*, de Maurice Maeterlinck, e de *Les Fourberies de Scapin*, de Molière, que é encenada no Teatro Tablado, do Rio de Janeiro.

Recebe novamente o Prêmio Padre Ventura.

Aposenta-se como chefe de seção da DPHAN, após 35 anos de serviço público, recebendo carta de louvor do ministro da Educação, Oliveira Brito.

1963 É lançada sua tradução de *Sult* (*Fome*), de Knut Hamsun.

Recebe os prêmios Fernando Chinaglia, da União Brasileira de Escritores, e Luísa Cláudio de Sousa, do PEN Clube do Brasil, pelo livro *Lição de coisas*.

Colabora no programa *Vozes da cidade*, instituído por Murilo Miranda, na Rádio Roquette-Pinto, e inicia o programa *Cadeira de balanço*, na Rádio Ministério da Educação.

Viaja com D. Dolores a Buenos Aires.

1964 Publica a primeira edição da *Obra completa*, pela Aguilar.

1965 Publicados os livros *Antologia poética*, em Portugal, *In the Middle of the Road*, nos Estados Unidos, e *Poesie*, na Alemanha.

Publica, em colaboração com Manuel Bandeira, *Rio de Janeiro em prosa & verso*.

Colabora em *Pulso*.

1966 Publica *Cadeira de balanço*, e na Suécia é lançado *Naten och rosen*.

1967 Publica *Versiprosa, José e outros, Mundo, vasto mundo, Uma pedra no meio do caminho* e *Minas Gerais (Brasil, terra e alma)*.

Publicações de *Fyzika strachu*, em Praga, e *Mundo, vasto mundo*, com tradução de Manuel Graña Etcheverry, em Buenos Aires.

1968 Publica *Boitempo & A falta que ama*.

Membro correspondente da Hispanic Society of America, Estados Unidos.

1969 Deixa o *Correio da Manhã* e começa a escrever para o *Jornal do Brasil*.

Publica *Reunião* (10 livros de poesia).

1970 Publica *Caminhos de João Brandão*.

1971 Publica *Seleta em prosa e verso*.

Edição de *Poemas*, em Cuba.

1972 Viaja a Buenos Aires com D. Dolores para visitar a filha, Maria Julieta.

Publica *O poder ultrajovem*.

Jornais do Rio de Janeiro, São Paulo, Belo Horizonte e Porto Alegre publicam suplementos comemorativos do 70° aniversário do poeta.

1973 Publica *As impurezas do branco*, *Menino antigo* (*Boitempo II*), *La bolsa y la vida*, em Buenos Aires, e *Réunion*, em Paris.

1974 Recebe o Prêmio de Poesia da Associação Paulista de Críticos Literários.

Membro honorário da American Association of Teachers of Spanish and Portuguese, dos Estados Unidos.

1975 Publica *Amor, amores*.

Recebe o Prêmio Nacional Walmap de Literatura, e recusa, por motivo de consciência, o Prêmio Brasília de Literatura, da Fundação Cultural do Distrito Federal.

1977 Publica *A visita, Discurso de primavera e algumas sombras* e *Os dias lindos*.

Grava 42 poemas em dois *long plays*, lançados pela Polygram.

Edição búlgara de *Iybctbo ba Cbeta* (*Sentimento do mundo*).

1978 Publica *70 historinhas* e *O marginal Clorindo Gato*.

Edições argentinas de *Amar-amargo* e *El poder ultrajoven*.

1979 Publica *Poesia e prosa*, 5ª edição, revista e atualizada, pela editora Nova Aguilar.

Viaja a Buenos Aires por motivo de doença de sua filha Maria Julieta.

Publica *Esquecer para lembrar* (*Boitempo III*).

1980 Recebe os prêmios Estácio de Sá, de jornalismo, e Morgado Mateus (Portugal), de poesia.

Edição limitada de *A paixão medida*.

Noite de autógrafos na Livraria José Olympio Editora para o lançamento conjunto da edição comercial de *A paixão medida* e *Um buquê de alcachofras*, de Maria Julieta Drummond de Andrade; o poeta e sua filha autografam juntos na sede da José Olympio.

Edição de *En Rost at Folket*, Suécia. Edição de *The Minus Sign*, Estados Unidos. Edição de *Gedichten (Poemas)*, Holanda.

1981 Publica *Contos plausíveis* e *O pipoqueiro da esquina*.

Edição inglesa de *The Minus Sign*.

1982 Ano do 80° aniversário do poeta. São realizadas exposições comemorativas na Biblioteca Nacional e na Casa de Rui Barbosa, no Rio de Janeiro. Os principais jornais do Brasil publicam suplementos comemorando a data. Recebe o título de Doutor Honoris Causa pela Universidade Federal do Rio Grande do Norte. A cidade do Rio de Janeiro festeja a data com cartazes de afeto ao poeta.

Publica *A lição do amigo – Cartas de Mário de Andrade a Carlos Drummond de Andrade*, com notas do destinatário.

Publicação de *Carmina drummondiana*, poemas de Drummond traduzidos para o latim por Silva Bélkior.

Edição mexicana de *Poemas*.

1983 Declina o Troféu Juca Pato.

Publica *Nova reunião* (19 livros de poesia) e *O elefante*.

1984 Após 41 anos despede-se da casa do velho amigo José Olympio e assina contrato com a Editora Record, que publica sua obra até hoje.

Também se despede do *Jornal do Brasil*, depois de 64 anos de trabalho jornalístico, com a crônica "*Ciao*".

Publica, pela Editora Record, *Boca de luar* e *Corpo*.

1985 Publica *Amar se aprende amando*, *O observador no escritório* (memórias), *História de dois amores* (livro infantil) e *Amor, sinal estranho*.

Edição de *Frän Oxen Tid*, Suécia.

1986 Publica *Tempo, vida, poesia*.

Edição de *Travelling in the Family*, em Nova York, pela Random House, e *Antología poética*, em Cuba.

Escreve 21 poemas para a edição do centenário de Manuel Bandeira, preparada pela editora Alumbramento, com o título *Bandeira, a vida inteira*.

Sofre um infarto e é internado durante 12 dias.

1987   Em 31 de janeiro escreve seu último poema, "Elegia a um tucano morto", que passa a integrar *Farewell*, último livro organizado pelo poeta.

É homenageado, com o enredo "O reino das palavras", pela Escola de Samba Estação Primeira de Mangueira, que vence o Carnaval do Rio de Janeiro.

No dia 5 de agosto, depois de dois meses de internação, morre sua filha Maria Julieta, vítima de câncer. "Assim terminou a vida da pessoa que mais amei neste mundo", escreve num diário. Doze dias depois morre o poeta, de problemas cardíacos. É enterrado junto com a filha no Cemitério São João Batista, no Rio de Janeiro.

O poeta deixa obras inéditas: *O avesso das coisas* (aforismos), *Moça deitada na grama*, *O amor natural* (poemas eróticos), *Poesia errante*, *Farewell*, atualmente editados pela Record, *Arte em exposição* (versos sobre obras de arte), posteriormente publicado pela editora Salamandra, além de crônicas, dedicatórias em verso coletadas pelo autor, correspondência e um texto para um espetáculo musical, ainda sem título.

Reedição de *De notícias e não-notícias faz-se a crônica* pela Editora Record. Edição de *Crônicas – 1930-1934*.

Edição de *Un chiaro enigma* e *Sentimento del mondo*, Itália, *Mundo grande y otros poemas*, na série Los Grandes Poetas, em Buenos Aires.

1988   Publicação de *Poesia errante*, coletânea de poemas inéditos, Prêmio Padre Ventura.

1989   Publicação de *Auto-retrato e outras crônicas*, edição organizada por Fernando Py. Publicação de *Drummond: frente e verso*, edição iconográfica, pela Alumbramento, e de *Álbum para Maria Julieta*, edição limitada e fac-similar de caderno com originais manuscritos de vários autores e artistas, compilados pelo poeta para sua filha.

A Casa da Moeda homenageia o poeta, emitindo uma nota de 50 cruzados.

1990   O Centro Cultural Banco do Brasil (CCBB) organiza uma exposição comemorativa dos 60 anos da publicação de *Alguma poesia*.

Palestras de Manuel Graña Etcheverry, "El erotismo en la poesía de Drummond", e de Affonso Romano de Sant'Anna, "Drummond, um *gauche* no mundo", no CCBB.

Encenação teatral de *Mundo, vasto mundo*, com Tônia Carrero, o coral Garganta e Paulo Autran, sob a direção deste, no Teatro II do CCBB.

Encenação de *Crônica viva*, com adaptação de João Brandão e Pedro Drummond, no CCBB.

Edição da antologia *Itabira*, em Madri, pela editora Visor.

Edição limitada de *Arte em exposição*, pela Salamandra.

Edição de *Poésie*, pela editora Gallimard, França.

1991 Publicação, em oito volumes, de *Obra poética*, pela editora Europa-América, em Portugal.

1992 Edição de *O amor natural*, poemas eróticos com ilustrações de Milton Dacosta e projeto gráfico de Alexandre Dacosta e Pedro Drummond.

Publicação de *Tankar om Ordet Menneske*, Noruega.

Edição de *De Liefde Natuurlijk* (*O amor natural*), na Holanda.

1993 Publicação de *O amor natural*, em Portugal, pela editora Europa-América.

Prêmio Jabuti pelo melhor livro de poesia do ano, *O amor natural*.

1994 Publicação pela Editora Record de novas edições de *Discurso de primavera* e *Contos plausíveis*.

No dia 2 de julho morre D. Dolores Morais Drummond de Andrade, viúva do poeta, aos 94 anos.

1995 Encenação teatral de *No meio do caminho...*, crônicas e poemas do poeta com roteiro e adaptação de João Brandão e Pedro Drummond.

Lançamento de um selo postal em homenagem ao poeta.

Drummond na era digital: lançamento do primeiro *web site* de autor brasileiro na internet, premiado com o primeiro I-Best 95.

1996 Lançamento do livro *Farewell*, último organizado pelo poeta, no CCBB do Rio de Janeiro, com a apresentação de Joana Fomm e José Mayer.

Prêmio Jabuti pelo melhor livro de poesia do ano, *Farewell*.

1997 Primeira edição interativa do livro *O avesso das coisas* (http://www.carlosdrummond.com.br/avesso).

1998 Inauguração dos "Caminhos drummondianos" em Itabira.

No dia 31 de outubro é inaugurado o Memorial Carlos Drummond de Andrade, projeto do arquiteto Oscar Niemeyer, no Pico do Amor da cidade de Itabira.

Prêmio *in memoriam* Medalha do Sesquicentenário da Cidade de Itabira.

1999 I Fórum Itabira Século XXI – Centenário Drummond, realizado na cidade de Itabira.

Lançamento do CD *Carlos Drummond de Andrade por Paulo Autran*, pelo selo Luz da Cidade.

2000 Inaugurada a Biblioteca Carlos Drummond de Andrade do Colégio Arnaldo, de Belo Horizonte, MG.

Lançamento do CD *Contos de aprendiz por Leonardo Vieira*, pelo selo Luz da Cidade.

Estréia no dia 31 de outubro o espetáculo *Jovem Drummond*, estrelado por Vinícius de Oliveira, no teatro da Fundação Cultural Carlos Drummond de Andrade de Itabira (Secretaria de Cultura do Município).

Lançamento do CD *História de dois amores – contada por Odete Lara*, pelo selo Luz da Cidade, produzido por Paulinho Lima.

Encenação pela Comédie Française da peça de Molière *Les Fourberies de Scapin*, com tradução de CDA, nos teatros Municipal do Rio de Janeiro e Municipal de São Paulo.

Lançamento do projeto *O fazendeiro do ar*, com o "balão Drummond", na Lagoa Rodrigo de Freitas, no Rio de Janeiro.

II Fórum Itabira Século XXI – Centenário Drummond, realizado em outubro na cidade de Itabira.

Homenagem *in memoriam* Medalha Comemorativa dos 70 Anos do MEC. Homenagem aos ex-alunos da Universidade Federal de Minas Gerais.

BIBLIOGRAFIA[1]

OBRAS DO AUTOR

POESIA

Alguma poesia. Belo Horizonte: Pindorama, 1930. 8. ed., Rio de Janeiro: Record, 2007.

Brejo das Almas. Belo Horizonte: Os Amigos do Livro, 1934. 2. ed., Rio de Janeiro: Record, 2002.

Sentimento do mundo. Rio de Janeiro: Pongetti, 1940. 26. ed., Record, 2006.

Poesias (*Alguma poesia, Brejo das Almas, Sentimento do mundo, José*). Rio de Janeiro: J. Olympio, 1942.

A rosa do povo. Capa Santa Rosa. Rio de Janeiro: J. Olympio, 1945. 37. ed., Record, 2006.

Poesia até agora (*Alguma poesia, Brejo das Almas, Sentimento do mundo, José, A rosa do povo, Novos poemas*). Rio de Janeiro: J. Olympio, 1948.

A máquina do mundo (incluído em *Claro enigma*). Rio de Janeiro: Luís Jardim, 1949. Exemplar único com caligrafia de Luís Jardim.

Claro enigma. Rio de Janeiro: J. Olympio, 1951. 16. ed., Record, 2006.

A mesa (incluído em *Claro enigma*). Niterói: Hipocampo, 1951. 70 exemplares.

Viola de bolso. Rio de Janeiro: Serviço de Documentação do MEC, 1952 (Os Cadernos de Cultura). 2. ed. aum., *Viola de bolso novamente encordoada*. Capa Lilyan Schwartzkopf. J. Olympio, 1955.

Fazendeiro do ar & Poesia até agora (*Alguma poesia, Brejo das Almas, Sentimento do mundo, José, A rosa do povo, Novos poemas, Claro enigma, Fazendeiro do ar*). Rio de Janeiro: J. Olympio, 1954. 2. ed., J. Olympio, 1955.

Soneto da buquinagem (incluído em *Viola de bolso novamente encordoada*). Xilogravura Manuel Segalá. Rio de Janeiro: Philobiblion, 1955. 100 exemplares.

Ciclo (incluído em *A vida passada a limpo* e em *Poemas*). Ilustração Reynaldo Fonseca. Recife: O Gráfico Amador, 1957 (Cartas de Indulgência). 96 exemplares.

---

[1] Elaborada a partir da bibliografia publicada no inventário do Arquivo de Carlos Drummond de Andrade.

Poemas (*Alguma poesia, Brejo das Almas, Sentimento do mundo, José, A rosa do povo, Novos poemas, Claro enigma, Fazendeiro do ar, A vida passada a limpo*). Rio de Janeiro: J. Olympio, 1959.

Lição de coisas. Rio de Janeiro: J. Olympio, 1962. 4. ed., J. Olympio, 1978.

Obra completa. Estudo crítico de Emanuel de Moraes, fortuna crítica, cronologia e bibliografia. Rio de Janeiro: Aguilar, 1964. 3. ed., *Poesia completa e prosa*. Aguilar, 1973; 5. ed., *Poesia e prosa*, Aguilar, 1979; 6. ed. rev., Aguilar, 1988; 8. ed., Aguilar, 1992.

Versiprosa. Rio de Janeiro: J. Olympio, 1967 (Sagarana).

José e outros (*José, Novos poemas, Fazendeiro do ar, A vida passada a limpo, 4 poemas, Viola de bolso novamente encordoada*). Rio de Janeiro: J. Olympio, 1967 (Sagarana).

Boitempo & A falta que ama. Rio de Janeiro: Sabiá, 1968. 4. ed., Sabiá, 1979.

Reunião: 10 livros de poesia (*Alguma poesia, Brejo das Almas, Sentimento do mundo, José, A rosa do povo, Novos poemas, Claro enigma, Fazendeiro do ar, A vida passada a limpo, Lição de coisas, 4 poemas*). Rio de Janeiro: J. Olympio, 1969. 10. ed., J. Olympio, 1980.

D. Quixote. Glosas a 21 desenhos de Candido Portinari. Rio de Janeiro: Diagraphis, 1972.

As impurezas do branco. Rio de Janeiro: J. Olympio, 1973. 10. ed., Record, 2006.

Menino antigo (*Boitempo II*). Rio de Janeiro: J. Olympio; Brasília: INL, 1973. 4. ed., Record, 1998.

Minas e Drummond. Ilustrações Yara Tupinambá, Wilde Lacerda, Haroldo Mattos, Júlio Espíndola, Jarbas Juarez, Álvaro Apocalypse e Beatriz Coelho. Belo Horizonte: Universidade Federal de Minas Gerais, 1973. 500 exemplares.

Amor, amores. Ilustrações Carlos Leão. Rio de Janeiro: Alumbramento, 1975. 423 exemplares.

A visita (incluído em *A paixão medida*). Fotos Maureen Bisilliat. São Paulo: Edição Particular, 1977. 125 exemplares.

Discurso de primavera e algumas sombras. Rio de Janeiro: J. Olympio, 1977. 6. ed., Record, 2006.

O marginal Clorindo Gato (incluído em *A paixão medida*). Ilustrações Darel. Rio de Janeiro: Avenir, 1978.

Nudez (incluído em *Poemas*). Recife: Escola de Artes, 1979. 50 exemplares. 2. ed. Ilustrações G. H. e Cecília Jucá. Rio de Janeiro: Linolivro, 1980.

Esquecer para lembrar (*Boitempo III*). Rio de Janeiro: J. Olympio, 1979. 2. ed., J. Olympio, 1980.

A paixão medida. Ilustrações Emeric Marcier. Rio de Janeiro: Alumbramento, 1980 (643 exemplares). 2. ed. Ilustrações Luis Trimano. J. Olympio, 1980. 9. ed., Record, 2002.

Nova reunião: 19 livros de poesias (*Alguma poesia, Brejo das Almas, Sentimento do mundo, José, A rosa do povo, Novos poemas, Claro enigma, Fazendeiro do ar, A vida passada a limpo, Lição de coisas, A falta que ama, As impurezas do branco, Boitempo I, Boitempo II, Boitempo III, A paixão medida* e seleção de *Viola de bolso, Versiprosa, Discursos de primavera e algumas sombras*). Rio de Janeiro: J. Olympio; Brasília: INL, 1983. 3. ed., J. Olympio; INL, 1987. 2 v.

O elefante. Ilustrações Regina Vater. Rio de Janeiro: Record, 1983 (Abre-te Sésamo). 9. ed., Record, 2004.

Caso do vestido. Rio de Janeiro: Rioarte, 1983. Adaptado para o teatro por Aderbal Júnior.

Corpo. Ilustrações Carlos Leão. Rio de Janeiro: Record, 1984. 18. ed., Record, 2004.

Mata atlântica. Fotos Luís Cláudio Marigo. Texto Alceo Magnanini. Rio de Janeiro: Chase Banco Lar; AC&M, 1984. 2. ed., AC&M; Sette Letras, 1997.

Amor, sinal estranho. Litografias Enrico Bianco. Rio de Janeiro: Lithos Edições de Arte, 1985 (100 exemplares).

Amar se aprende amando. Rio de Janeiro: Record, 1985. 29. ed., Record, 2005.

Pantanal. Fotos Luís Cláudio Marigo. Textos Alceo Magnanini. Rio de Janeiro: Chase Banco Lar; AC&M, 1985.

O prazer das imagens. Fotos Hugo Rodrigo Octavio. Legendas inéditas de Carlos Drummond de Andrade. São Paulo: Metal Leve; Hamburg, 1987.

Poesia errante: derrames líricos, e outros nem tanto ou nada. Rio de Janeiro: Record, 1988. 8. ed., Record, 2002.

Arte em exposição. Rio de Janeiro: Salamandra; Record, 1990.

O amor natural. Ilustrações Milton Dacosta. Rio de Janeiro: Record, 1992. 15. ed., Record, 2006.[2]

A vida passada a limpo. Rio de Janeiro: Record, 1994. 3. ed., Record, 2002.

Rio de Janeiro. Vaduz, Principado de Liechtenstein: Verlag Kunt und Kultur, 1994.

Farewell. Rio de Janeiro: Record, 1996. 9. ed., Record, 2006.

A senha do mundo. Rio de Janeiro: Record, 1996. 12. ed., Record, 2006 (Verso na Prosa, Prosa no Verso).

A cor de cada um. Rio de Janeiro: Record, 1996. 11. ed., Record, 2005 (Verso na Prosa, Prosa no Verso).

---

[2] Há uma edição particular de 1981 e outra da Europa-América (Portugal) de 1993, com ilustrações de Clementina Cabral.

A falta que ama. Rio de Janeiro: Record, 2002.
Boitempo (Menino antigo). Rio de Janeiro: Record, 1987. 8. ed., Record, 2006.
Boitempo (Esquecer para lembrar). Rio de Janeiro: Record, 1987. 7. ed., Record, 2006.

CRÔNICA

Fala, amendoeira. Rio de Janeiro: J. Olympio, 1957. 18. ed., Record, 2004.
A bolsa e a vida. Rio de Janeiro: Editora do Autor, 1962. 15. ed., Record, 2002.
Cadeira de balanço. Rio de Janeiro: J. Olympio, 1966 (Sagarana). 20. ed., Record, 2003.
Caminhos de João Brandão. Rio de Janeiro: J. Olympio, 1970. 5. ed., Record, 2002.
O poder ultrajovem. Rio de Janeiro: J. Olympio, 1972. 19. ed., Record, 2005.
De notícias e não-notícias faz-se a crônica. Rio de Janeiro: J. Olympio, 1974. 10. ed., Record, 2007.
Os dias lindos. Rio de Janeiro: J. Olympio, 1977. 8. ed., Record, 1998.
Crônica das favelas cariocas. Rio de Janeiro: Edição Particular, 1981.
Boca de luar. Rio de Janeiro: Record, 1984. 10. ed., Record, 2002.
Crônicas de 1930-1934 (Pseudônimos: Antônio Crispim e Barba Azul). Ilustrações Ana Raquel. Belo Horizonte: Revista do Arquivo Público Mineiro, 1984. 2. ed., Secretaria da Cultura de Minas Gerais, 1987.
Moça deitada na grama. Rio de Janeiro: Record, 1987.
Auto-retrato e outras crônicas. Seleção Fernando Py. Rio de Janeiro: Record, 1989. 5. ed., Record, 2002.
O sorvete e outras histórias. São Paulo: Ática, 1993.
Vó caiu na piscina. Rio de Janeiro: Record, 1996. 8. ed., Record, 2003 (Verso na Prosa, Prosa no Verso).

CONTO

O gerente (incluído em *Contos de aprendiz*). Capa J. Moraes. Rio de Janeiro: Horizonte, 1945. (Literatura).
Contos de aprendiz. Rio de Janeiro: J. Olympio, 1951. 2. ed. aum., J. Olympio, 1958. 51. ed., Record, 2007.
70 historinhas (*Fala amendoeira, A bolsa e a vida, Cadeira de balanço, Caminhos de João Brandão, O poder ultrajovem, De notícias e não-notícias faz-se a crônica* e *Os dias lindos*). Rio de Janeiro: J. Olympio, 1978. 9. ed., Record, 1998.
Contos plausíveis. Ilustrações Irene Peixoto e Márcia Cabral. Rio de Janeiro: J. Olympio; Jornal do Brasil, 1981. 5. ed., Record, 2006.

O pipoqueiro da esquina. Ilustrações Ziraldo. Rio de Janeiro: Codecri, 1981.
História de dois amores. Ilustrações Ziraldo. Rio de Janeiro: Record, 1985. 15. ed., Record, 2006.
Criança dagora é fogo. Rio de Janeiro: Record, 1996. 9. ed., Record, 2004 (Verso na Prosa, Prosa no Verso).

ENSAIO

Confissões de Minas. Rio de Janeiro: Americ-Edit, 1944 (Joaquim Nabuco).
Passeios na ilha. Rio de Janeiro: Simões, 1952. 2. ed., J. Olympio, 1975.
A lição do amigo. Cartas de Mário de Andrade. Introdução Carlos Drummond de Andrade. Rio de Janeiro: J. Olympio, 1982. 2. ed. rev., Record, 1988.
Em certa casa da rua Barão de Jaguaribe. Rio de Janeiro: Sabadoyle, 1984. Ata comemorativa dos 20 anos do Sabadoyle.
O observador no escritório: páginas de diário. Rio de Janeiro: Record, 1985. 2. ed., Record, 2006.
Tempo, vida, poesia: confissões no rádio. Rio de Janeiro: Record, 1986. 2. ed., Record, 1987. Entrevistas à Rádio MEC.
Saudação a Plínio Doyle. Rio de Janeiro: Sabadoyle, 1986. Ata do Sabadoyle de 4 de outubro de 1986.
O avesso das coisas. Aforismos. Ilustrações Jimmy Scott. Rio de Janeiro: Record, 1987. 5. ed., Record, 2007.
De tudo fica um pouco: meus cartões de Drummond. Rio de Janeiro: Litteris, 1991. Correspondência com Fernando Augusto Maia.
Conversas de livraria: 1941 e 1948. Porto Alegre: AGE; São Paulo: Giordano, 2000.

ANTOLOGIA E OBRA EM COLABORAÇÃO

Neste Caderno... In: *10 histórias de bichos.* Em colaboração com Godofredo Rangel, Graciliano Ramos, João Alphonsus, Guimarães Rosa, J. Simões Lopes Neto, Luís Jardim, Maria Julieta, Marques Rebelo, Orígenes Lessa, Tristão da Cunha. Rio de Janeiro: Condé, 1947. 220 exemplares.
50 poemas escolhidos pelo autor. Rio de Janeiro: Serviço de Documentação do MEC, 1956. 2. ed., MEC, 1958. (Os Cadernos de Cultura)
Antologia poética. Rio de Janeiro: Editora do Autor, 1962. 56. ed., Record, 2006.
Quadrante. Em colaboração com Cecília Meireles, Dinah Silveira de Queiroz, Fernando Sabino, Manuel Bandeira, Paulo Mendes Campos e Rubem Braga. Rio de Janeiro: Editora do Autor, 1962. 5. ed., Editora do Autor, 1968.

Quadrante II. Em colaboração com Cecília Meireles, Dinah Silveira de Queiroz, Fernando Sabino, Manuel Bandeira, Paulo Mendes Campos e Rubem Braga. Rio de Janeiro: Editora do Autor, 1963. 4. ed., Editora do Autor, 1968.

Antologia poética. Seleção e prefácio Massaud Moisés. Lisboa: Portugália, 1965 (Poetas de Hoje).

Vozes da cidade. Em colaboração com Cecília Meireles, Genolino Amado, Henrique Pongetti, Maluh de Ouro Preto, Manuel Bandeira e Rachel de Queiroz. Rio de Janeiro: Record, 1965.

Rio de Janeiro em prosa & verso. Em colaboração com Manuel Bandeira. Rio de Janeiro: J. Olympio, 1965 (Rio 4 Séculos).

Minas Gerais. Seleção Carlos Drummond de Andrade. Rio de Janeiro: Editora do Autor, 1967 (Brasil, Terra & Alma).

Seleta em prosa e verso. Estudo e notas de Gilberto Mendonça Teles. Rio de Janeiro: J. Olympio, 1971. 13. ed., Record, 1995.

Elenco de cronistas modernos. Em colaboração com Clarice Lispector, Fernando Sabino, Manuel Bandeira, Paulo Mendes Campos, Rachel de Queiroz e Rubem Braga. Rio de Janeiro: Sabiá, 1971. 14. ed., J. Olympio, 1995.

Atas poemas. Natal na Biblioteca de Plínio Doyle. Em colaboração com Alphonsus de Guimaraens Filho, Enrique de Resende, Gilberto Mendonça Teles, Homero Homem, Mário da Silva Brito, Murilo Araújo, Raul Bopp, Waldemar Lopes. Rio de Janeiro: Sabadoyle, 1974.

Para gostar de ler. Em colaboração com Fernando Sabino, Paulo Mendes Campos e Rubem Braga. São Paulo: Ática, 1977-80. v. 1-5.

Para Ana Cecília. Em colaboração com João Cabral de Melo Neto, Mauro Mota, Odylo Costa, filho, Ledo Ivo, Marcus Accioly e Gilberto Freyre. Recife: Edição Particular, 1978.

O melhor da poesia brasileira. Em colaboração com João Cabral de Melo Neto, Manuel Bandeira e Vinicius de Moraes. Rio de Janeiro: J. Olympio, 1979.

Carlos Drummond de Andrade. Seleção de textos, notas, estudo biográfico, histórico-crítico e exercícios de Rita de Cássia Barbosa. São Paulo: Abril, 1980 (Literatura Comentada). 2. ed., Nova Cultural, 1988.

Antologia poética. São Paulo: Abril Cultural, 1982.

Quatro vozes. Em colaboração com Rachel de Queiroz, Cecília Meireles e Manuel Bandeira. Rio de Janeiro: Record, 1984. 12. ed., Record, 2002.

60 anos de poesia. Organização e apresentação de Arnaldo Saraiva. Lisboa: O Jornal, 1985.

Quarenta historinhas e cinco poemas. Leitura e exercícios para estudantes de Português nos EUA. Flórida: University of Florida, 1985.

Bandeira, a vida inteira. Textos extraídos da obra de Manuel Bandeira e 21 poemas de Carlos Drummond de Andrade. Rio de Janeiro: Alumbramento, 1986.

Álbum para Maria Julieta. Coletânea de dedicatórias reunidas por Carlos Drummond de Andrade para sua filha, acompanhada de texto extraído da obra do autor. Rio de Janeiro: Alumbramento, 1989.

Obra poética. Portugal: Publicações Europa-América, 1989. 8 v.

Rua da Bahia. Em colaboração com Pedro Nava. Belo Horizonte: UFMG, 1990. 2. ed., UFMG, 1996.

Carlos Drummond de Andrade. Organizado por Fernando Py e Pedro Lyra. Rio de Janeiro: Agir, 1994 (Nossos Clássicos).

As palavras que ninguém diz: crônica. Seleção Luzia de Maria. Rio de Janeiro: Record, 1997. 10. ed., Record, 2006 (Mineiramente Drummond).

Histórias para o rei: conto. Seleção Luzia de Maria. Rio de Janeiro: Record, 1997. 9. ed., Record, 2006 (Mineiramente Drummond).

A palavra mágica: poesia. Seleção Luzia de Maria. Rio de Janeiro: Record, 1997. 12. ed., Record, 2005 (Mineiramente Drummond).

Os amáveis assaltantes. Rio de Janeiro: Agora Comunicação Integrada, 1998 (O Dia Livros).

OBRAS TRADUZIDAS

Alemão

Poesie. Tradução Curt Meyer-Clason. Frankfurt: Suhrkamp Verlag, 1965.

Gedichte. Tradução Curt Meyer-Clason. Frankfurt: Suhrkamp Verlag, 1982.

Búlgaro

Iybctbo ba Cbeta. Tradução Alexandre Muratov e Atanas Daltchev. Sófia: Narodna Cultura, 1977.

Chinês

Antologia da poesia brasileira. Seleção Antônio Carlos Secchin. Tradução Zhao Deming. Pequim: Embaixada do Brasil, 1994.

Dinamarquês

Verdensfornemmelse og Andre Digte. Tradução Peter Poulsen. Copenhague: Borgens Forlag, 2000.

Espanhol

Poemas. Seleção, versão e introdução Rafael Santos Torroella. Madri: Rialp, 1951 (Adonais).
Dos poemas. Tradução Manuel Graña Etcheverry. Buenos Aires: Botella al Mar, 1953.
Poetas del siglo veinte. Carlos Drummond de Andrade. Seleção e versão Ramiro de Casasbellas. Buenos Aires: Poesia, 1957.
Poesía de Carlos Drummond de Andrade. Tradução Armando Uribe Arce, Thiago de Mello e Fernando de Alencar. Santiago do Chile: Cadernos Brasileiros, 1963 (Poesia).
Seis poetas contemporáneos del Brasil. Tradução Manuel Graña Etcheverry. La Paz: Embajada del Brasil, 1966 (Cuadernos Brasileños).
Mundo, vasto mundo. Tradução Manuel Graña Etcheverry. Buenos Aires: Losada, 1967 (Poetas de Ayer y de Hoy).
Poemas. Introdução, seleção e notas Muñoz-Unsain. Havana: Casa de las Américas, 1970.
La bolsa y la vida. Tradução Maria Rosa Oliver. Buenos Aires: La Flor, 1973.
Poemas. Tradução Leonidas Cevallos. Lima: Centro de Estudios Brasileños, 1976.
Drummond de Andrade: poemas. Tradução Gabriel Rodriguez. Caracas: Dirección General de Cultura de la Gobernación del Distrito Federal, 1976.
Amar-amargo y otros poemas. Tradução Estela dos Santos. Buenos Aires: Calicanto, 1978.
El poder ultrajoven. Tradução Estela dos Santos. Buenos Aires: Sudamericana, 1978.
Dos cuentos y dos poemas binacionales. Em colaboração com Sergio Faraco e Jorge Medoza Enriguez. Santiago do Chile: Instituto Chileno-Brasileño de Cultura de Concepción, 1981.
Poemas. Tradução, seleção e introdução Francisco Cervantes. Tlahuapan: Premià, 1982 (Libros del Bicho).
Don Quijote. Tradução Edmund Font. Ilustrações Candido Portinari. México: Secretaría de Educación Pública, 1985.
Antología poética. Tradução e introdução Claudio Murilo. Madri: Instituto de Cooperación Iberoamericana; Ediciones Cultura Hispánica, 1986.
Poemas. Tradução Renato Sandoval. Lima: Embajada del Brasil, 1989 (Tierra Brasileña).
Itabira (Antología). Tradução Pablo del Barco. Madri: Visor, 1990.
Historia de dos poemas. Tradução Gloria Elena Bernal. México: SEP, 1992.

Carlos Drummond de Andrade. México: Fondo Nacional para Actividades Sociales, s.d. (Poesía Moderna).

Francês

Réunion. Tradução Jean-Michel Massa. Paris: Aubier-Montaigne, 1973 (Collection Bilingue des Classiques Étrangers).

Fleur, téléphone et jeune fille. Organização Mário Carelli. Paris: L'Alphée, 1980.

Drummond: une esquisse. Rio de Janeiro: Alumbramento, 1981.

Conversation extraordinaire avec une dame de ma connaissance et autres nouvelles. Tradução Mário Carelli e outros. Paris: A. M. Métailié, 1985 (Bibliothèque Brésilienne).

Mon éléphant – O elefante. Tradução Vivette Desbans. Ilustrações Hélène Vincent. Paris: Éditions ILM, 1987. Edição bilíngüe.

Poésie. Tradução Didier Lamaison. Paris: Gallimard, 1990.

Holandês

Gedichten. Tradução August Willemsen. Amsterdam: Uitgeverij de Arbeiderspers, 1980.

20 Gedichten van Carlos Drummond de Andrade. Tradução August Willemsen. Fotos Sérgio Zális. Amsterdam: Rijksakademie van Beeldende Kunsten, 1983.

De Liefde, Natuurlijk: Gedichten. Tradução August Willemsen. Amsterdam: Uitgeverij de Arbeiderspers, 1992.

Farewell. Tradução August Willemsen. Amsterdam: Uitgeverij de Arbeiderspers, 1996.

Inglês

In the Middle of the Road. Tradução John Nist. Tucson: University of Arizona Press, 1965.

Souvenir of the Ancient World. Tradução Mark Strand. Nova York: Antaeus, 1976.

Poems. Tradução Virgínia de Araújo. Palo Alto: WPA, 1977.

The Minus Sign. Tradução Virgínia de Araújo. Redding Ridge: Black Swan Books, 1980.

The Minus Sign. Tradução Virgínia de Araújo. Manchester: Carcanet New Press, 1981.

Travelling in the Family. Selected poems. Tradução Elizabeth Bishop e Gregory Rabassa. Nova York: Random House, 1986.

Italiano

Sentimento del mondo. Tradução Antonio Tabucchi. Torino: Giulio Einaudi, 1987.

Un chiaro enigma. Tradução Fernanda Toriello. Bari: Stampa Puglia, 1990.

La visita. Tradução Luciana Stegagno Picchio. Milão: Libri Scheiwiller, 1996.

Racconti plausibili. Tradução Alessandra Ravatti. Roma: Fahrenheit, 1996.

L'Amore naturale. Tradução Fernanda Toriello. Bari: Adriatica, 1997.

Latim

Carmina drummondiana. Tradução Silva Bélkior. Rio de Janeiro: Salamandra; Brasília: Universidade Federal de Brasília, 1982. Edição comemorativa dos 80 anos do poeta. Edição bilíngüe.

Norueguês

Tankar om Ordet Menneske. Tradução Alf Saltveit. Oslo: Solum, 1992.

Sueco

Natten och Rosen. Tradução Arne Lundgren. Estocolmo: P. A. Norstedt & Söners, 1966.

En Rost at Folket. Tradução Arne Lundgren. Estocolmo: P. A. Norstedt & Söners, 1980.

Fran Oxens Tid. Tradução Arne Lundgren. Estocolmo: Bra Lyrik, 1985.

Tvarsnitt. Tradução Arne Lundgren. Estocolmo: Nordan, 1987.

Ljuset Spranger Natten. Tradução Arne Lundgren. Lysekil: F. Forlag, 1990.

Tcheco

Fyzika Strachu. Tradução Vladimir Mikes. Praga: Odeon, 1967.

ENTREVISTAS PUBLICADAS EM LIVRO

SENNA, Homero. *República das letras.* 20 entrevistas com escritores. 2. ed. rev. e aum. Rio de Janeiro: Olímpica, 1968.

ROZÁRIO, Denira. *Palavra de poeta.* Prefácio Antônio Houaiss. Coletânea de entrevistas e antologia poética. Rio de Janeiro: J. Olympio, 1989.

CAMINHA, Edmilson. *Palavra de escritor.* Entrevista com Carlos Drummond de Andrade e outros. Brasília: Thesaurus, 1995.

SARAIVA, Arnaldo. *Conversas com escritores brasileiros.* Porto: Comissão Nacional para as Comemorações dos Descobrimentos Portugueses, 2000.

TRADUÇÕES DE CARLOS DRUMMOND DE ANDRADE

MAURIAC, François. *Uma gota de veneno* [*Thérèse Desqueyroux*]. Rio de Janeiro: Pongetti, 1943.

LACLOS, Choderlos de. *As relações perigosas* [*Les Liaisons dangereuses*]. Porto Alegre: Globo, 1947.

BALZAC, Honoré de. *Os camponeses* [*Les Paysans*]. In: ——. *A comédia humana*, v. XIII. Porto Alegre: Globo, 1954.

PROUST, Marcel. *A fugitiva* [*Albertine disparue*]. Porto Alegre: Globo, 1956.

GARCÍA LORCA, Federico. *Dona Rosita, a solteira ou a linguagem das flores* [*Doña Rosita la soltera o el lenguaje de las flores*]. Rio de Janeiro: Agir, 1959.

DESCOURTILZ, Th. *Beija-flores do Brasil* [*Oiseaux-mouches ornithorynques du Brésil*]. Rio de Janeiro: Biblioteca Nacional, 1960.

MAETERLINCK, Maurice. *O pássaro azul* [*L'Oiseau bleu*]. Rio de Janeiro: Delta, 1962.

MOLIÈRE. *Artimanhas de Scapino* [*Les Fourberies de Scapin*]. Rio de Janeiro: Serviço de Documentação do MEC, 1962.

HAMSUN, Knut. *Fome* [*Sult*]. Rio de Janeiro: Delta, 1963.

LIVROS EM BRAILE

Boca de luar. São Paulo: Fundação para o Livro do Cego no Brasil, 1985.

Corpo. São Paulo: Fundação para o Livro do Cego no Brasil, 1990.

Sentimento do mundo. São Paulo: Fundação Dorina Nowill para Cegos, 2000.

OBRAS SOBRE O AUTOR

LIVROS

ACHCAR, Francisco. *A rosa do povo & Claro enigma*. Roteiro de leitura. São Paulo: Ática, 1993.

——. *Carlos Drummond de Andrade*. São Paulo: Publifolha, 2000.

ANDRADE, Carlos Drummond de. *Uma pedra no meio do caminho*. Biografia de um poema. Seleção e montagem Carlos Drummond de Andrade. Apresentação Arnaldo Saraiva. Rio de Janeiro: Editora do Autor, 1967.

BARBOSA, Rita de Cássia. *Poemas eróticos de Carlos Drummond de Andrade*. São Paulo: Ática, 1987 (Princípios).

[159]

BATISTA, Paulo Nunes. *ABC de Carlos Drummond de Andrade e outros abecês*. Rio de Janeiro: Fundação Casa de Rui Barbosa; Belo Horizonte: Itatiaia, 1986.

BRASIL, Assis. *Carlos Drummond de Andrade*. Rio de Janeiro: Livros do Mundo Inteiro, 1971.

BRAYNER, Sônia. *Carlos Drummond de Andrade*. Seleção Sônia Brayner. Rio de Janeiro: Civilização Brasileira, 1977.

CAMPOS, Maria Consuelo Cunha. *Mineiridade*. Rio de Janeiro: Achiamé, 1980.

CANÇADO, José Maria. *Os sapatos de Orfeu*: biografia de Carlos Drummond de Andrade. São Paulo: Scritta, 1993.

CHAVES, Rita. *Carlos Drummond de Andrade*. São Paulo: Scipione, 1993 (Margens do Texto).

COELHO, Joaquim-Francisco. *Terra e família na poesia de Carlos Drummond de Andrade*. Belém: Universidade Federal do Pará, 1973.

———. *Minerações*. Belém: Universidade Federal do Pará, 1975.

CUNHA, Maria Antonieta Antunes. *O discurso indireto livre em Carlos Drummond de Andrade*. Belo Horizonte: Imprensa Oficial, 1971.

CURY, Maria Zilda. *Horizontes modernistas*: o jovem Drummond e seu grupo em papel-jornal. Belo Horizonte: Autêntica, 1998.

DALL'ALBA, Eduardo. *Drummond, leitor de Dante*. Caxias do Sul, RS: Educs, 1996.

———. *Drummond*: a construção do enigma. Caxias do Sul, RS: Educs, 1998.

GALDINO, Márcio da Rocha. *O cinéfilo anarquista*: Carlos Drummond de Andrade e o cinema. Belo Horizonte: BDMG, 1991.

GARCIA, Nice Seródio. *A criação lexical em Carlos Drummond de Andrade*. Rio de Janeiro: Rio, 1977.

GARCIA, Othon Moacyr. *Esfinge clara*: palavra-puxa-palavra em Carlos Drummond de Andrade. Rio de Janeiro: São José, 1955.

GLABER, Cinthya; FURTADO FILHO, José Carlos (orgs.). *Drummond*: Alguma poesia. Rio de Janeiro: Centro Cultural Banco do Brasil, 1990. Catálogo da exposição comemorativa dos 60 anos de *Alguma poesia*.

GLEDSON, John. *Poesia e poética de Carlos Drummond de Andrade*. São Paulo: Duas Cidades, 1982.

GOMES, Deny (org.). *No meio do caminho tinha uma pedra*. Vitória: Oficina Literária da Universidade Federal do Espírito Santo, 1987.

GONZALEZ CRUZ, Domingo. *A presença de Itabira na obra de Carlos Drummond de Andrade*. Rio de Janeiro: Achiamé, 1981. 2. ed. aum. *No meio do caminho tinha Itabira*: ensaio poético sobre as raízes itabiranas na obra de Drummond. Ilustrações Guidacci. Fotos Francisco Arraes. Rio de Janeiro: BVZ, 2000.

GUIMARÃES, Júlio Castañon. *Sobre um projeto de edição crítico-genética da poesia de Carlos Drummond de Andrade*. Rio de Janeiro: Fundação Casa de Rui Barbosa, 1997 (Papéis Avulsos).

HOMENAGEM A DRUMMOND. Rio de Janeiro: Fundação Casa de Rui Barbosa, 1982. Catálogo da exposição comemorativa dos 80 anos do poeta.

LAUS, Lausimar. *O mistério do homem na obra de Drummond*. Rio de Janeiro: Tempo Brasileiro, 1978.

LESSA, Maria Eduarda Viana (org.). *Carlos Drummond de Andrade*. Rio de Janeiro: Fundação Casa de Rui Barbosa, 1998.

LIMA, Mirella Vieira. *Confidência mineira*: o amor na poesia de Carlos Drummond de Andrade. São Paulo: Edusp; Campinas: Pontes, 1995.

MARIA, Luzia de. *Drummond*: um olhar amoroso. Rio de Janeiro: Léo Christiano, 1998.

MARTINS, Hélcio. *A rima na poesia de Carlos Drummond de Andrade*. Introdução Antônio Houaiss. Rio de Janeiro: J. Olympio, 1968.

MERQUIOR, José Guilherme. *Verso universo em Drummond*. Tradução Marly de Oliveira, do original em francês. Rio de Janeiro: J. Olympio, 1975.

MONTEIRO, Salvador; KAZ, Leonel (orgs.). *Drummond frente e verso*. Rio de Janeiro: Alumbramento, 1989.

MORAES, Emanuel de. *Drummond rima Itabira mundo*. Rio de Janeiro: J. Olympio, 1972 (Documentos Brasileiros).

MORAES, Lygia Marina. *Conheça o escritor brasileiro Carlos Drummond de Andrade*. Seleção de textos com exercícios de compreensão, redação e debate, biografia e avaliação crítica. Rio de Janeiro: Record, 1977.

MORAES NETO, Geneton. *O dossiê Drummond*. São Paulo: Globo, 1994.

MOTTA, Dilman Augusto. *A metalinguagem na poesia de Carlos Drummond de Andrade*. Rio de Janeiro: Presença, 1976.

NAVA, Pedro. *Homenagem ao poeta*. Rio de Janeiro: Sabadoyle, 1982. Ata do Sabadoyle de 30 de outubro de 1982.

NOGUEIRA, Lucila. *Ideologia e forma literária em Carlos Drummond de Andrade*. Recife: Fundarpe, 1990 (Oficina Espaço Pasárgada).

PY, Fernando. *Bibliografia comentada de Carlos Drummond de Andrade (1918-1980)*. Rio de Janeiro: J. Olympio; Fundação Casa de Rui Barbosa; Brasília: INL, 1980.

QUEIROZ, Maria José de. *Carlos Drummond de Andrade*: do moderno ao eterno. Bonn: Verlag, 1987 (Deutsch-Brasilianische).

ROSA, Sérgio Ribeiro. *Pedra engastada no tempo*. Porto Alegre: Cultura Contemporânea, 1978.

SANT'ANNA, Affonso Romano de. *Drummond, o gauche no tempo*. Rio de Janeiro: Lia, 1972. 3. ed., *Carlos Drummond de Andrade*: análise da obra, Nova Fronteira, 1980. 4. ed., *Drummond, o gauche no tempo*, Record, 1992.

SANTIAGO, Silviano. *Carlos Drummond de Andrade*. Petrópolis: Vozes, 1976 (Poetas Modernos do Brasil).

SCHULLER, Donaldo. *A dramaticidade na poesia de Drummond*. Porto Alegre: Universidade Federal do Rio Grande do Sul, 1979.

SEMINÁRIO *Carlos Drummond de Andrade*: 50 anos de *Alguma poesia*. Estudos de Guilhermino César, Antônio Houaiss, Silviano Santiago, Luiz Costa Lima e Affonso Romano de Sant'Anna. Belo Horizonte: Imprensa Oficial de Minas Gerais, 1981.

SEMINÁRIO *Carlos Drummond de Andrade and His Generation*. Santa Barbara: University of California; Bandana Books, 1986.

SIMON, Iumna Maria. *Drummond*: uma poética do risco. São Paulo: Ática, 1978.

STERNBERG, Ricardo da Silveira Lobo. *The Unquiet Self*: Self and society in the poetry of Carlos Drummond de Andrade. Valencia: Albatros Hispanofila, 1986.

TELES, Gilberto Mendonça. *Drummond*: a estilística da repetição. Prefácio Othon Moacyr Garcia. Rio de Janeiro: J. Olympio, 1970 (Documentos Brasileiros). 4. ed., São Paulo: Experimento, 1997.

VIEIRA, Regina Souza. *Boitempo*: autobiografia e memória em Carlos Drummond de Andrade. Rio de Janeiro: Presença, 1992.

CAPÍTULO DE LIVRO

ANDRADE, Mário de. A poesia em 1930. In: ——. *Aspectos da literatura brasileira*. São Paulo: Martins, c. 1960.

ANSELMO, Manuel. *Família literária luso-brasileira*. Rio de Janeiro: J. Olympio, 1943.

BANDEIRA, Manuel. *Crônicas da província do Brasil*. Rio de Janeiro: Civilização Brasileira, 1937.

——. *Apresentação da poesia brasileira*. 3. ed. Rio de Janeiro: Casa do Estudante do Brasil, 1957.

──. *Poesia completa e prosa*. Rio de Janeiro: Aguilar, 1958; 2. ed., Nova Aguilar, 1996.
BARROS, Jayme de. *Espelho dos livros*. Rio de Janeiro: J. Olympio, 1936.
──. *Poetas do Brasil*. Rio de Janeiro: J. Olympio, 1944.
BASTIDE, Roger. Carlos Drummond de Andrade. In: ──. *Poetas do Brasil*. Curitiba: Guaíra, 1946.
BASTOS, C. Tavares. A obra completa de Carlos Drummond de Andrade. In: ──. *O simbolismo no Brasil e outros escritos*. Rio de Janeiro: São José, 1969.
CAMPOS, Haroldo de. Drummond, mestre de coisas. In: ──. *Metalinguagem*. Petrópolis: Vozes, 1967.
CAMPOS, Milton. Texto antropofágico. In: ──. *Testemunhos e ensinamentos*. Rio de Janeiro: J. Olympio, 1972.
CANDIDO, Antonio. Literatura e cultura de 1900 a 1945. In: ──. *Literatura e sociedade*. São Paulo: Nacional, 1967.
──. Inquietudes na poesia de Drummond. In: ──. *Vários escritos*. São Paulo: Duas Cidades, 1970.
──. A autobiografia poética e ficcional na literatura de Minas. *Anais do IV Seminário de Estudos Mineiros*. Belo Horizonte, 1977.
CARPEAUX, Otto Maria. Fragmento sobre Carlos Drummond de Andrade. In: ──. *Origens e fins*. Rio de Janeiro: Casa do Estudante do Brasil, 1943.
──. *Livros na mesa*. Rio de Janeiro: São José, 1960.
──. *História da literatura ocidental*. Rio de Janeiro: O Cruzeiro, 1966. 7 v.
CASTELO, José Aderaldo. Impressões de Carlos Drummond de Andrade. In: ──. *Homens e intenções*. São Paulo: Comissão de Literatura do Departamento Estadual de Cultura, 1959.
CORRÊA, Roberto Alvim. Carlos Drummond de Andrade. In: ──. *O mito de Prometeu*. Rio de Janeiro: Agir, 1951.
CORREIA, Marlene de Castro. Apresentação de Drummond. In: ──. *Literatura para o vestibular unificado*. Rio de Janeiro: Record, 1973.
CUNHA, Fausto. *A leitura aberta*. Rio de Janeiro: Cátedra, 1978.
DUTRA, Waltensir; CUNHA, Fausto. *Biografia crítica das letras mineiras*. Rio de Janeiro: Instituto Nacional do Livro, 1956.
FRANCO, Afonso Arinos de Melo. Notícia sobre Carlos Drummond. In: ──. *Espelho de três faces*. São Paulo: Brasil, 1937.
──. A poesia e um poeta. In: ──. *Mar de sargaços*. São Paulo: Martins, 1944.
FREITAS JÚNIOR, Otávio de. Um poeta com sentimento do mundo. In: ──. *Ensaios de crítica de poesia*. Recife: Norte, 1941.

[163]

FRIEIRO, Eduardo. *Letras mineiras*. Belo Horizonte: Os Amigos do Livro, 1937.

GRIECO, Agripino. Dois poetas. In: ——. *Evolução da poesia brasileira*. Rio de Janeiro: Ariel, 1932.

HAMBURGUER, Michael. *The Truth of Poetry*: Tensions in modern poetry from Baudelaire to the 1969. Londres: Weidenfeld and Nicolson, 1969.

HAMPL, Zdenek. Pznámbka Autorovi. In: ANDRADE, Carlos Drummond de. *Fyzika Strachu*. Praga: Odeon, 1967.

HOLANDA, Aurélio Buarque de. Drummond e a melodia. In: ——. *Território lírico*. Rio de Janeiro: O Cruzeiro, 1958.

HOUAISS, Antônio. Sobre uma fase de Carlos Drummond de Andrade. In: ——. *Seis poetas e um problema*. Rio de Janeiro: Ediouro, 1967.

——. Introdução. In: ANDRADE, Carlos Drummond de. *Reunião*: 10 livros de poesia. Rio de Janeiro: J. Olympio, 1969.

JANNINI, Pasquale Aniel. *Storia della letteratura brasiliana*. Milão: Nuova Accademia Editrice, 1959.

KONDER, Leandro. A vitória do Realismo num poema de Drummond: "A mesa". In: ——. *Realismo e anti-realismo na literatura brasileira*. Rio de Janeiro: Paz e Terra, 1974.

LEITE, Sebastião Uchoa. *Participação da palavra poética*. Petrópolis: Vozes, 1966.

LIMA, Alceu Amoroso (Tristão de Athayde). *Meio século de presença literária*. Rio de Janeiro: J. Olympio, 1969.

LIMA, Luiz Costa. *Lira e antilira*: Mário, Drummond, Cabral. Rio de Janeiro: Civilização Brasileira, 1968.

LINHARES, Temístocles. *Diálogos sobre a poesia brasileira*. São Paulo: Melhoramentos, 1976.

LINS, Álvaro. *Os mortos de sobrecasaca*. Rio de Janeiro: Civilização Brasileira, 1963.

LISBOA, Henriqueta. *Convívio poético*. Belo Horizonte: Secretaria da Educação, 1955.

LITRENTO, Oliveiros. *O crítico e o mandarim*. Rio de Janeiro: São José, 1962.

LUCAS, Fábio. *Temas literários e juízos críticos*. Belo Horizonte: Tendência, 1963.

——. *Horizontes da crítica*. Belo Horizonte: Movimento Perspectiva, 1965.

LUNDGREN, Arne. Prefácio. In: ANDRADE, Carlos Drummond de. *Natten och Rosen*. Estocolmo: P. A. Norstedt & Soners, 1966.

MARTINS, Wilson. 50 anos de literatura brasileira. In: ——. *Panorama das literaturas das Américas*, I. Angola: Município de Nova Lisboa, 1958.

MASSA, Jean-Michel. Introduction. In: ANDRADE, Carlos Drummond de. *Réunion*. Paris: Aubier-Montaigne, 1973.

MENDES, Oscar. *Alguma poesia*. In: ——. *A alma dos livros*. Belo Horizonte: Os Amigos do Livro, 1932.

MENDONÇA, Antônio Sérgio L. *Por uma teoria do simbólico*. Petrópolis: Vozes, 1974.

MENEGALE, Heli. Um soneto de Carlos Drummond de Andrade. In: ——. *Roteiros de poesia*. Belo Horizonte: Itatiaia, 1960.

MERQUIOR, José Guilherme. A máquina do mundo de Drummond. In: ——. *Razão do poema*. Rio de Janeiro: Civilização Brasileira, 1965.

——. Notas em função de *Boitempo (I)*. In: ——. *A astúcia da mimese*. Rio de Janeiro: J. Olympio, 1972.

——. *As idéias e as formas*. Rio de Janeiro: Nova Fronteira, 1981.

MEYER-CLASON, Curt. Nachwort. In: ANDRADE, Carlos Drummond de. *Poesie*. Frankfurt: Suhrkamp Verlag, 1965.

MILLIET, Sérgio. O poema-piada. In: ——. *Terminus seco e outros cocktails*. São Paulo: Irmãos Ferraz, 1932.

——. *Panorama da moderna poesia brasileira*. Rio de Janeiro: Serviço de Documentação do MEC, 1952.

MOISÉS, Massaud. Carlos Drummond de Andrade poeta. In: ANDRADE, Carlos Drummond de. *Antologia poética*. Lisboa: Portugália, 1965.

MONTEIRO, Adolfo Casais. *A palavra essencial*. São Paulo: Nacional, 1965.

MONTENEGRO, Olívio. Poesias de Carlos Drummond. In: ——. *Retratos e outros ensaios*. Rio de Janeiro: J. Olympio, 1959.

MORAES, Carlos Dante de. *Alguns estudos*. Porto Alegre: Metrópole, 1975.

MOUTINHO, José Geraldo Nogueira. *A fonte e a forma*. Rio de Janeiro: Imago, 1977.

MURICY, Andrade. *A nova literatura brasileira*. Porto Alegre: Globo, 1936.

NIST, John. Introduction. In: ANDRADE, Carlos Drummond. *In the Middle of the Road*. Tucson: University of Arizona Press, 1965.

——. *The Modernist Movement in Brazil*. Austin: University of Texas Press, 1967.

OLIVEIRA, José Osório de. Um poeta brasileiro. In: ——. *Enquanto é possível*. Lisboa: Universo, 1942.

OLIVEIRA, Teresa Cristina Meireles. *Carlos Drummond de Andrade*: no décimo aniversário de sua morte. São Paulo: Massao Hono, 1977. Ata do Sabadoyle.

PEREIRA, Maria Idorlina Cobra. Verbete. In: *Dicionário biográfico universal de autores*. Lisboa: Atis-Bompiani.

PEREZ, Renard. *Escritores brasileiros contemporâneos*. Rio de Janeiro: Civilização Brasileira, 1960.

PERISSE, Gabriel. *Dois ensaios*: O polígrafo Carlos Drummond de Andrade & Nossos clássicos pessoais. São Paulo: Edix, 1994.
PICCHIO, Luciana Stegagno. *La letteratura brasiliana*. Milão: Sansoni-Accademia, 1972.
PIGNATARI, Décio. Áporo: um inseto semiótico. In: ——. *Contracomunicação*. São Paulo: Perspectiva, 1971.
PÓLVORA, Hélio. *Graciliano, Machado, Drummond e outros*. Rio de Janeiro: Francisco Alves, 1975.
PROENÇA, Ivan Cavalcanti. *Vestibular de Português*: literatura. Rio de Janeiro: J. Olympio, 1973.
RAMOS, Maria Luiza. Variações em torno de uma antítese. In: ——. *Fenomenologia da obra literária*. Rio de Janeiro: Forense, 1969.
RAMOS, Péricles Eugênio da Silva. Carlos Drummond de Andrade. In: ——. *A literatura no Brasil*. Direção Afrânio Coutinho. 3. ed. Rio de Janeiro: J. Olympio, 1986. 5 v.
RIBEIRO, João. *Crítica*. Os modernos. Rio de Janeiro: Academia Brasileira de Letras, 1952.
RIBEIRO, Joaquim. *Estética da língua portuguesa*. 2. ed. Rio de Janeiro: J. Ozon, 1964.
RIO-BRANCO, Miguel do. *Etapas da poesia brasileira*. Lisboa: Livros do Brasil, 1955.
ROCHA, Hildon. *Entre lógicos e místicos*. Rio de Janeiro: São José, 1968.
RÓNAI, Paulo. A poesia de Carlos Drummond de Andrade. In: ——. *Encontros com o Brasil*. Rio de Janeiro: Instituto Nacional do Livro, 1958.
——. Tentativa de comentário para alguns temas de Carlos Drummond de Andrade. In: ANDRADE, Carlos Drummond de. *José & outros*. Rio de Janeiro: J. Olympio, 1967.
SALES, Fritz Teixeira de. *Das razões do Modernismo*. Brasília: Brasília, 1974.
SANT'ANNA, Affonso Romano de. Características gerais da poesia de Carlos Drummond de Andrade. In: ——. *Autores para vestibular*. Petrópolis: Vozes, 1973.
SANTOS, Vitto. *Poesia & humanismo*. Rio de Janeiro: Artenova, 1971.
SENNA, Homero. *O Sabadoyle*: história de uma confraria literária. Rio de Janeiro: Casa da Palavra, 2000. Contém vários textos de Drummond.
SILVA, Belchior Cornélio da. *O pio da coruja*. Belo Horizonte: João Vicente, 1967.
SILVEIRA, Alcântara. Povo e poesia. In: ——. *Telefone para surdos*. São Paulo: Comissão de Literatura do Conselho Estadual de Cultura, 1962.
SIMÕES, João Gaspar. *Literatura, literatura, literatura...* Lisboa: Portugália, 1964.

SIMON, Iumna Maria. Na praça de convites. In: SCHWARZ, Roberto (org.). *Os pobres na literatura brasileira*. São Paulo: Brasiliense, 1983.

SÜSSEKIND, Flora. *Cabral, Bandeira, Drummond*: alguma correspondência. Rio de Janeiro: Fundação Casa de Rui Barbosa, 1996 (Papéis Avulsos).

SZKLO, Gilda Salem. *As flores do mal nos jardins de Itabira*. Rio de Janeiro: Agir, 1995.

TELES, Gilberto Mendonça. *La poesía brasileña en la actualidad*. Tradução Cipriano S. Vitureira. Montevidéu: Editorial Letras, 1969.

———. Drummond: retrato. In: ANDRADE, Carlos Drummond de. *Seleta em prosa e verso*. Rio de Janeiro: J. Olympio, 1971. 13. ed., Record, 1994.

———. A linguagem criadora de Drummond. In: ANDRADE, Carlos Drummond de. *Seleta em prosa e verso*. Rio de Janeiro: J. Olympio, 1971. 13. ed., Record, 1994.

———. Carlos Drummond de Andrade. In: ———. *Estudos da poesia brasileira*. Coimbra: Almedina, 1985.

———. O discurso poético de Drummond. In: ———. *A escrituração da escrita*. Rio de Janeiro: Vozes, 1995.

———. Cammond & Drummões. In: ———. *Camões e a poesia brasileira*. 4. ed. Lisboa: Imprensa Nacional; Casa da Moeda, 2001.

TORROELLA, Rafael Santos. Prólogo. In: ANDRADE, Carlos Drummond de. *Poemas*. Madri: Rialp, 1951.

VASCONCELLOS, Eliane. *Um sonho drummondiano*: o Arquivo-Museu de Literatura Brasileira. Rio de Janeiro: Fundação Casa de Rui Barbosa, 1996.

———. O Arquivo Carlos Drummond de Andrade. In: LESSA, Maria Eduarda Viana (org.). *Carlos Drummond de Andrade*. Rio de Janeiro: Casa de Rui Barbosa, 1998.

VILLAÇA, Antonio Carlos. Drummond e a condição humana. In: ———. *Literatura e vida*. Rio de Janeiro: Nova Fronteira, 1976.

VITUREIRA, Cipriano S. *Manuel Bandeira, Cecília Meireles, Carlos Drummond de Andrade*: tres edades en la poesía brasileña actual. Montevidéu: Asociación Cultural Estudiantil Brasil-Uruguay, 1952.

WERNECK, Humberto. *O desatino da rapaziada*: jornalistas e escritores em Minas Gerais. São Paulo: Instituto Moreira Sales, 1992.

DISSERTAÇÕES E TESES

AGRA, Marcos Wagner da Costa. *As faces secretas do hiperônimo Flor!* João Pessoa: Universidade Federal da Paraíba, 1981. Dissertação de mestrado.

AGUILERA, Maria Veronica Silva Vilariño. *Carlos Drummond de Andrade*: a poética cotidiana. Rio de Janeiro: Universidade do Estado do Rio de Janeiro, 2000. Dissertação de mestrado.

BARBOSA, Rita de Cássia. *O cotidiano e as máscaras*: a crônica de Carlos Drummond de Andrade (1930-1934). São Paulo: Universidade Federal de São Paulo, 1984. Tese de doutorado.

CAMPOS, Fernando Ferreira. *Carlos Drummond de Andrade, Manuel Bandeira*: matéria poética e escrita. Rio de Janeiro: Universidade Federal do Rio de Janeiro, 1978. Dissertação de mestrado.

CAMPOS, Maria do Carmo Alves de. *Cidade e o paradoxo lírico na poesia de Drummond*. São Paulo: Universidade de São Paulo, 1989. Tese de doutorado.

CAMPOS, Maria José Rego. *A memória do mundo em Carlos Drummond de Andrade*. Belo Horizonte: Universidade Federal de Minas Gerais, 1982. Dissertação de mestrado.

CHAGAS, Wilson. *Mundo e contramundo*. Porto Alegre: Universidade Federal do Rio Grande do Sul, 1972.

CORREIA, Marlene de Castro. *Drummond*: a magia lúcida. Rio de Janeiro: Universidade Federal do Rio de Janeiro, 1975. Tese de livre docência.

COSTA, Luis Carlos. *A crônica e a linguagem em Carlos Drummond de Andrade*. São Paulo: Universidade de São Paulo, 1988. Tese de doutorado.

FERRAZ, Eucanaã. *Drummond*: um poeta na cidade. Rio de Janeiro: Universidade Federal do Rio de Janeiro, 1994. Dissertação de mestrado.

FERREIRA, Maria Lúcia do Pazo. *O erotismo nos poemas inéditos de Carlos Drummond de Andrade*. Rio de Janeiro: Universidade Federal do Rio de Janeiro, 1992. Tese de doutorado.

FONSECA, José Eduardo da. *O telurismo na literatura brasileira e na obra de Carlos Drummond de Andrade*. Belo Horizonte: Universidade Federal de Minas Gerais, 1970.

GARCIA, Nice Seródio. *A criação lexical em Carlos Drummond de Andrade*. Rio de Janeiro: Pontifícia Universidade Católica do Rio de Janeiro, 1976. Dissertação de mestrado.

GARDINO, Íris. *Adjetivo nas crônicas de Drummond*: um exercício de estilo. São Paulo: Universidade Federal de São Paulo, 1986. Dissertação de mestrado.

LACERDA, Nilma Gonçalves. *Crônica*: nos não-limites, o livre percurso. Rio de Janeiro: Universidade Federal do Rio de Janeiro, 1979. Dissertação de mestrado.

LIMA, Mirella Márcia Longo Vieira. *Confidência mineira*: o amor na poesia de Carlos Drummond de Andrade. São Paulo: Universidade de São Paulo, 1993. Tese de doutorado.

MARTINS, Sylvia de Almeida. *A linguagem de Drummond na crônica*: um estudo lingüístico-estilístico. São Paulo: Universidade Estadual Paulista Júlio de Mesquita Filho, 1984. Tese de doutorado.

MASSAD, Besma. *Processos de lexicalização na prosa de Carlos Drummond de Andrade*. São Paulo: Universidade de São Paulo, 1985. Tese de doutorado.

OLIVEIRA, Silvana Maria Pessoa de. *Réquiem para um sujeito*: a escrita da memória em *Boitempo*, de Carlos Drummond de Andrade. Minas Gerais: Universidade Federal de Minas Gerais, 1991. Dissertação de mestrado.

OLIVEIRA, Teresa Cristina Meireles de. *Foto vivida/Eterna grafia*: espaço e memória poética em Carlos Drummond de Andrade. Rio de Janeiro: Universidade Federal do Rio de Janeiro, 1979. Dissertação de mestrado.

ORTIZ, José Cláudio. *Três poemas em busca da poesia*: leitura das tensões entre a poesia e a cultura de massas a partir de *A rosa do povo*, de Carlos Drummond de Andrade. São Paulo: Universidade Estadual Paulista Júlio de Mesquita Filho, 1994. Dissertação de mestrado.

PEREIRA, Ana Santana Souza de Fontes. *De anjo* gauche *a anjo na contramão*. Belo Horizonte: Universidade Federal de Minas Gerais, 1998.

PEREIRA, Wellington José de Oliveira. *Crônica*: arte do útil ou do fútil? João Pessoa: Universidade Federal da Paraíba, 1990. Dissertação de mestrado.

PUSCHEL, Raul de Souza. *Intransitividade e transitividade*: Mallarmé, Drummond, Cabral. São Paulo: Pontifícia Universidade Católica de São Paulo, 1994. Dissertação de mestrado.

SANTOS, Rita de Cássia Pereira. *Drummond*: diálogo entre texto e contexto. Santa Catarina: Universidade Federal de Santa Catarina, 1983. Dissertação de mestrado.

SARAIVA, Arnaldo. *Carlos Drummond de Andrade*: do berço ao livro. Lisboa: Universidade de Lisboa, 1968. 2 v.

SZKLO, Gilda Salem. *A ironia na poesia de Carlos Drummond de Andrade*. Rio de Janeiro: Pontifícia Universidade Católica do Rio de Janeiro, 1977. Dissertação de mestrado.

VIEIRA, Regina Souza. *Os limites da prosa e da poesia*: Carlos Drummond de Andrade. Rio de Janeiro: Pontifícia Universidade Católica do Rio de Janeiro, 1996. Tese de doutorado.

VILAÇA, Alcides Celso de Oliveira. *Consciência lírica em Drummond*. São Paulo: Universidade Federal de São Paulo, 1976. Dissertação de mestrado.

SITE SOBRE O AUTOR

http://www.carlosdrummond.com.br

ÍNDICE DE PRIMEIROS VERSOS

À beira do negro poço 88
A igreja era grande e pobre. Os altares, humildes. 79
A ingaia ciência 26
A madureza, essa terrível prenda 26
A máquina do mundo 127
A mesa 112
A sombra azul da tarde nos confrange 59
A tela contemplada 35
A um varão, que acaba de nascer 67
Agora me lembra um, antes me lembrava outro. 105
Amar 55
Amar o perdido 34
Aniversário 74
Às duas horas da tarde deste nove de agosto de 1847 92
Aspiração 51
Bem quisera escrevê-la 109
Bom dia: eu dizia à moça 60
Cada dia que passa incorporo mais esta verdade, de que eles não vivem senão em nós 103
Campo de flores 63
Canção para álbum de moça 60
Cantiga de enganar 45
Canto negro 88
Carta 109
Chegas, e um mundo vai-se 67
Como esses primitivos que carregam por toda parte o maxilar inferior de seus mortos, 57
Confissão 28
Contemplação no banco 37
Convívio 103
Deus me deu um amor no tempo de madureza, 63
Dissolução 23

[171]

E como eu palmilhasse vagamente 127
E não gostavas de festa... 112
E vieram dizer-nos que não havia jantar. 82
Encontro 111
Entre o ser e as coisas 56
Era tão claro o dia, mas a treva, 132
Escurece, e não me seduz 23
Estampas de Vila Rica 80
Eu quero compor um soneto duro 49
Evocação mariana 79
Fraga e sombra 59
Já não queria a maternal adoração 51
Legado 27
Memória 34
Meu pai perdi no tempo e ganho em sonho. 111
Morte das casas de Ouro Preto 84
Na rua escura o velho poeta 71
Não amei bastante meu semelhante, 28
Não calques o jardim 80
Noite. Certo 50
Num bar fechado há muitos, muitos anos, e cujas portas de aço
    bruscamente se descerram, encontro, que eu nunca vira,
    o poeta Mário Quintana. 72
Numa incerta hora fria 106
O chamado 71
O coração pulverizado range 37
O filho que não fiz 36
O mundo não vale o mundo, 45
Oficina irritada 49
Onda e amor, onde amor, ando indagando 56
Onde nasci, morri. 32
Opaco 50
Os animais do presépio 30
Os bens e o sangue 92
Os cinco anos de tua morte 74

Pequena prostituta em frente a Mercês de Cima 81
Perguntas 106
Perguntas em forma de cavalo-marinho 29
Permanência 105
Pintor da soledade nos vestíbulos 35
Que lembrança darei ao país que me deu 27
Que metro serve 29
Que pode uma criatura senão, 55
Quintana's bar 72
Rapto 62
Relógio do Rosário 132
Remissão 25
Salve, reino animal: 30
São palavras no chão 82
Se uma águia fende os ares e arrebata 62
Senhor, não mereço isto. 80
Ser 36
Sobre o tempo, sobre a taipa, 84
Sonetilho do falso Fernando Pessoa 32
Sonhei que estava sonhando 41
Sonho de um sonho 41
Tão delicados (mais que um arbusto) e correm 33
Tarde de maio 57
Tua memória, pasto de poesia, 25
Um boi vê os homens 33

Este livro foi composto na tipologia Bembo, no corpo 12/15,
e impresso em papel off-white 80 g/m²
no Sistema Cameron da Divisão Gráfica da Distribuidora Record.

Se quiser receber informações sobre eventos e novas publicações de
Carlos Drummond de Andrade,
ou lançamentos e ofertas especiais da Editora Record, escreva para

Leitor Drummond
Rua Argentina, 171 / 3º andar – São Cristóvão
Rio de Janeiro – RJ – 20921-380
dando seu nome, data de nascimento, endereço,
telefone e e-mail.

Válido somente no Brasil

Ou então envie um e-mail, mencionando
Leitor Drummond, para:
mdireto@record.com.br

Visite também os *web sites:*
www.record.com.br
www.carlosdrummond.com.br